순간을 바라보는 방법

순간을 바라보는 방법

철학의 말들, 회화적 사유

민이언 글 · 서상익 그림

다반
일상의 재현

철학적 순간들

아직까지는 철학에 관한 원고들을 많이 쓰는 입장이라, 신뢰도를 제고하고자 철학자들의 어록을 많이 인용하는 편이다. 때문에 가끔씩은 측근들에게 '~가 말하길'과 '~가 이르길'의 표현이 너무 많은 것에 대한 지적을 듣기도 한다. 내 아무리 심도의 바깥에서 글을 쓴다 해도 결국엔 철학의 영역이기에 그 문법을 비껴가지는 못하고, 개인적인 성향상 각주의 번잡스러움은 피하려다 보니 '~가 말하길'과 '~가 이르길'을 반복하는 것이기도 하다.

대표님도 그런 인용들이 눈에 많이 띄었는지, 아예 철학자들의 어록만을 모아 본 기획을 제안하셨다. 하여 한번 '말잔치'로 구성해 본 기획은, 물론 간략한 철학사 지식들을 덧붙인 페이지들도 있지만, 그보단 '말' 자체에 초점을 맞춰 활용도와 실용성을 고민해 선별한 작업이기도 하다. '객체는 부분적으로 즉자적인 존재, 혹은 일반적으로 사물로서 즉자적인 의식에 대응한다'는 헤겔의 《정신현상학》 구절을 어디 가서 써먹기도 애매할 터, 그보단 무난한 언어들로 이루어진 헤겔의 문장들로써 그가 순간을 바라보던 방법을 소개하는 형식이다.

블라디미르 장켈레비치가 이르길,
"우리는 철학 없이 살 수 있다. 하지만 덜 잘 살 것이다."

서양 철학사의 매뉴얼을 공부하던 시기부터, 각 매뉴얼마다 조금 더 심도 있게 공부했던 시기까지는 서머리 노트에 정리를 했었다. 그 첫 권이 되는 노트의 어느 페이지에 적어 놓은 구절이다. 뿌얀 먼지로 뒤덮인 희미한 기억들을 다시 꺼내어, 삶의 구체적인 현장성으로 해석할 수 있는 어록들만을 재정리한 작업. 쉴 새 없이 달려온 철학의 여정들을 살피며, 그래도 열심히는 살았구나 하는 위안과 더불어, 내가 어쩌다 이 길로 들어선 것일까 하는 한동안 내게서 잊혀졌던 질문을 다시 던져 보게 된 시간. 어찌 됐건 내

삶도 철학으로 인해 많이 바뀌었다. 이전과는 다르게 생각하는 법을 배웠다고나 할까? 그것이 내 삶을 풍요롭게 하는 성격인지까지는 잘 모르겠다. 그래도 몰랐던 시절과의 '차이'들로 인해 가능해지는 것들이 적지 않긴 하다. 기획의 업무까지 맡아 보고 있는 지금엔 그것이 나를 대변하는 신뢰도일 때도 있고, 내가 철학이라도 하고 있으니 가능했던 만남들도 있었고….

'순간을 바라보는 방법'이란 제목은 본디 따로 준비하고 있던 에세이 원고의 가제였다. 서상익 작가님의 작품들과 함께하는 기획이다 보니 '철학'이란 키워드를 너무 전면에 내세우는 것도 예의는 아닌 것 같아서, '회화'와의 접점을 고려해 미리 당겨 쓴 경우이다. 여러 화가 분들의 그림을 실었던 졸저 《불안과 함께 살아지다》를 통해서 서상익 작가님과도 인연이 되었다. 블로그에도 작가님의 작품에 대한 철학적 해석을 많이 적었을 정도로, 내 개인의 욕망을 투영하는 화풍이기에, 작가님의 작업들로만 채워진 기획을 생각해 본 것이기도 하다. 작가님의 시간들도 되돌아본다는 의미로, 한 권의 화보집 느낌으로, 되도록 많은 작품을 싣고자 했다.

순간을 바라보는 방법이란, 철학과 회화가 공유하고 있

는 관점주의를 의미하기도 한다. 니체 이후의 현대철학에서는 인식이 존재와 따로 분리되어 설명되지는 않는다. 세계는 그것을 바라보는 각자의 해석대로 존재한다. 하나의 풍경으로부터 일어나는 서로 다른 감흥은, 풍경 자체가 지니고 있는 것도 아니지만, 또한 그것을 바라보는 시선마다의 각자 다른 소유이기도 하다. 그것 자체로야 뭐 특별할 게 있겠나. 의미를 담고서 바라보는, 그 시선 끝에 맺히는 모든 것들이 특별할 뿐이다. 그런 개개의 관점을 소유하게끔 하는 저마다의 조건은, 어떤 시간의 결을 살고 있는가의 문제이기도 하다. 하여 무엇을 보고 있는가는 당신이 무엇인가를 말해 주는 자기정체성의 단서이기도 하다.

차례

I. 그들 각자의 스토리텔링

1. 나를 변하게 한 사람

우리는, 오직 우리가 사랑하는 사람들을 변화시킬
수 있을 뿐이다.

― 소크라테스

'지혜는 덕'이라던 소크라테스의 말은, 인간이 선을 모
르기 때문에 악을 저지른다는 함의이다. 다시 말해, 지혜
의 감화를 입은 사람은 악행을 저지르지 않는다는 것. 또
한 그 감화라는 것도 내가 사랑하는 사람에게나 유효한 범
주일 뿐, 세상 모든 사람을 설득할 수는 없다는 이야기. 솔
직하니 그렇지 않나? 내가 사랑하지 않는 사람에게 굳이
그런 관심을 쏟을 필요도 이유도 없다. 사랑하는 사람에겐

간혹 그 관심이 지나쳐서 문제가 되는 것이기도 하고….

언제나 소크라테스에게 반박할 준비가 되어 있었던 니체라면, 굳이 타인을 변화시키려 드는 꼰대의 근성에 대해 딴지를 걸지 않았을까 싶은, 오해의 소지가 있는 어록이기도 하다. 그를 사랑하거들랑 그를 변화시킬 생각보다는 내가 먼저 변할 생각을 하지 않을까? '타자'에 대해 다루는 현대철학이 표방하는 바도 소크라테스의 어록을 뒤집은 역학관계이다. 우리는 우리가 사랑하는 타인에 의해 변화를 겪는다. 누군가에게 나는 과연 그런 타인일까를 고민해 보는 것으로부터, 보다 풍요로워질 수 있는 인생의 의미는 아닐까? 물론 스스로의 품격이 감화의 주체일 수 있는지를 먼저 따져보면서, 너 자신부터 알아야 할 문제이고….

2. 사랑과 예술의 열망

가장 아름다운 것은 가장 사랑스러운 것이다.
— 소크라테스

　라캉의 '대상 a' 개념에서 'a'는 프랑스어로 타자(他者 autre)
의 이니셜이다. 소문자로 써서 '소타자'라는 의미. 정신분
석에서 '대타자' 개념은 '남들처럼은 살아야 한다', 혹은 '남
들이 하는 건 나도 해야 한다'의 그 '남'이다. '소타자'란 자
아가 투영된 타자, 다시 말해 내 기준에서 상상하는 '이런
사람일 줄 알았던' 타자이다. 이걸 라캉의 용어로 설명하자
면 전자는 상징계적 타자이고, 후자는 상상계적 타자이고,
뭐 이렇게 나가는 거다.

'대상 a'란 욕망의 대상이다. 그러나 무지개가 절대 '여기'로 다가오지 않고 항상 '저기'에 있듯, 결코 성취되지 않는 욕망의 자리이기도 하다. 만약 성취가 된다면, 섹스 후에 급격히 밀려드는 허탈감처럼, 잔여의 정서로 수그러들 것이다. 열의를 유지하기 위해서라도 항상 뒤로 밀릴 수밖에 없는 열망의 자리, 잡힐 듯 잡히지 않는 반복. 정신분석의 설명으로는 사랑이 그런 속성이다. 그리고 예술가들이 이런 열망을 작품으로 승화시킨다.

정신분석 계열의 철학들은 끝내 이 열망에 관한 이야기를 하고 있는 것이다. 구조와 담론, 결정론적 질서에 포획되지 않는 에로스, 안에 갇힐 바에는 차라리 상징적 죽음을 택하며 밖으로 탈주하는 것. 라캉에게서 '죽음 충동'은 이렇게 해석된다. 쉽게 말해서 그냥 어찌할 바를 몰라 죽겠는 상황이라는 거. 예술가적 기질을 지닌 이들은 그 충동이 승화될 수 있는 무언가를 찾기 위해 부단히 일상의 바깥을 둘러보는 것이기도 할 게다. 구체적으로 행위화가 된 사례가 글쓰기일 수도 있겠고, 여행일 수도 있겠고, 사진과 그림일 수도 있겠고….

피그말리온의 일화는 그런 예술과 사랑의 속성을 상징하는 것이기도 하지 않았을까? 다시 한 번 소크라테스 어록으로의 회귀, 그리고 마무리. 가장 아름다운 것은 가장 사랑스러운 것이다.

3. 가상의 역설

반대되는 것을 가지고 있는 것은 모두 그 반대로부터 생기는 것이 아닌가? 가령 아름다움과 추함, 옳음과 옳지 않음 같은 것이 말일세. 이밖에도 반대의 것에서 생기는 것들이 무수히 있지. ... 보다 나쁜 것은 보다 좋은 것에서, 보다 옳은 것은 보다 옳지 않은 것에서 나왔고 ... 즉 반대되는 것들 사이에는 두 가지 생성이 있지 않을까? 이것에서 저것에로, 또 저것에서 이것에로 말일세.

— 플라톤

플라톤의 《파이돈》에서 소크라테스가 심미아스에게 건

넨 말을 축약해 놓은 것이다. 노자의 변증법으로 설명하자면, 상반된 가치는 서로에게 기대어 존재할 수밖에 없다는 이야기. 有는 無를 전제한 개념이고, '나'가 존재하기 위해선 먼저 분리되어 질 수 있는 '너'의 존재가 있어야 한다.

플라톤이 그림자에 비유했듯, 가상 역시 현실에 준하는 세계이며, 오롯하고도 순수한 상상으로만 지어 올려진 가상은 없다. 스피노자가 예로 들었던 페가수스를 들어 쓰자면, 그것은 '말'과 '새'라는 기존 관념의 조합이며, '중력'이라는 인간의 지평 안에서의 허구이다. 로봇과 인공지능의 이상이 결국엔 인간의 삶에 기반하듯, 가상의 궁극처가 현실이기도 하다. 현실에 존재하는 것들로부터 현실에 부재하는 것들에 대한 상상이 시작된다.

때문에 무한의 공상을 위해서라도 이미 존재하는 것들을 면밀히 살필 필요가 있는 것이다. 탄탄한 구성의 판타지를 써내려 가고자 해도 인문학을 읽어 볼 필요가 있는 이유이기도 하다. 사랑에 관한 글을 쓰고자 한다면, 글 바깥에서의 사랑을 겪어 보는 것이 가장 좋겠지만, 모든 경우를 다 살아 보기에는 우리에게 주어진 삶의 시간이 그다지 길지 않기 때문에, 그 방편으로 돈 후안에 관한 인문이라도 읽어 보는 것.

4. 수준대로의 신학

인간은 누구나 자기 능력만큼 신을 만난다.

— 스피노자

우주가 창조된 원인은 분명히 존재할 것이다. 그러나 그 것이 흔히들 말하는 인격적 '신'의 개념이라면, 만물을 창 조한 원인치곤 너무 인간에게 편파적인 것 아닌가? 이런 인간중심적인 사유는, 인간이 자연으로부터 모든 권리를 박탈할 수 있게끔 한 명분에 지나지 않는다. 더군다나 그 것이 신의 뜻이라면서 저질러졌던 온갖 악행과 부조리는, 인간이 인간으로부터의 권리를 박탈할 수 있게끔 한 명분 이기도 했다.

한낱 인간의 지평으로 이해될 신이라면, 그것이 절대적 존재이겠는가? 인간중심적 유한에 갇힌 신이겠는가? 스피노자의 지적은 인간이 인간의 모습대로 창조한 신에 관한 것이었다. 우리에게 이해 가능한 범주는 창조된 것들에 관해서이지, 창조의 원인 자체에 대해서가 아니다. 수학의 정리 방식을 응용한 《에티카》는 그런 신학이면서 동시에 과학이다. 이 책의 제목이 왜 '에티카(윤리학)'일까? 인간사회에서 일어나는 일에 있어서도 우리의 지평으로 이해 가능한 영역은 사람 사이의 윤리이다. 하여 신의 뜻이란 명분으로 윤리의 범주 밖에서 행해지는 모든 일들이 그저 인간의 욕망으로 왜곡된 신의 결과라는 것.

사람에게 잘못을 저질렀으면, 신에게 고해를 하기에 앞서 사람에게 가서 용서를 구해야 하지 않겠나? 신이 내린 세상의 이치 안에서도 온당치 못한 이의 기도가 어찌 신에게 닿기를 바라는가? 교회에서 장로를 맡아 보면서도, 인간으로서의 최소한의 도리를 지키지 않는 정치인들. 그러나 부조리함까지 정당화하며 무작정 그들을 응원하는 열혈의 지지자들. 그런데 스피노자가 지적한 당대 종교의 문제점도 그 정치적 속성이다. 존재냐 인식이냐의 문제는, 많은 경우가 인식의 수준대로 존재하는 것이기도 하다는 점에서, 때로 질문 자체가 의미 없는 짓이기도 하다. 인간은 누구나 자기 능력만큼 신을 만난다. 또한 자기 지평대로 세계를 해석하며, 자기 수준대로의 정치를 소유한다.

5. 사랑의 변증법

일반적으로 사랑이란 내가 다른 어떤 사람과 하나가 되었다는 의식을 가리킨다. 그 결과 나는 나 자신에 대하여 고립되어 있지 않으며, 오로지 나의 대자존재를 포기함으로써, 그리고 내가 타인과, 타인이 나와 하나가 되었다는 사실을 통해 나 자신을 앎으로써 자의식을 획득한다. 그런데 사랑은 하나의 감정, 즉 인륜의 자연적 형태이다.

— 헤겔

어록에서 보이는 '대자(對自)'란 '나에 대하여'라는 의미로, 이 문장에서는 그냥 '내 입장에서'라는 맥락으로 이해

해도 무방하다. 그러니까 사랑이란 너와 나의 입장을 덜어 내고 '우리'가 되는 상황이라는 것. 그 '우리'의 전제 안에서 서로에게 열려 있는 '나'를 발견하고, 서로를 통해서만 그 존재의미를 확인할 수 있는 '나'임을 깨닫는다. 그로써 가족으로 발전할 수 있는 잠재적 관계가 되는 것이기도 할 테고….

화성에서 온 남자와 금성에서 온 여자를 예로 들자면, 제3의 행성인 지구에서의 만남처럼, 사랑이란 어느 한 쪽의 완력에 끌려가지 않는 합(合)의 자리이어야 한다는 것. 그러나 언제나 이상을 비껴가는 문제는, 그 지구의 생태에 준해 사랑을 해야 함에도, 부단히도 나의 화성과 너의 금성을 서로에게 이해받길 원한다는 사실. 최악의 스토리로 미끄러지는 결과는, 부단한 몰이해 끝에 각자의 별로 돌아가는 것이다. 그리고 가끔씩은 다시 이 지구를 그리워한다.

6. 욕망의 변증법

서로의 마음을 확인하고 그 이상의 관계로 발전하기 전까지는, 나는 원래부터 이런 성격이었네 어쩌네 하며 서로를 닦달하진 않는다. 내게도 이런 면이 있었을까 싶을 정도로 전혀 다른 나의 모습을, 서로를 통해 발견하게 된다. 그렇듯 사랑이란 존재의 변화를 가능케 하는 '사건'이다. 내가 견지하고 있던 시간의 결을 기꺼이 내려놓고서 타자에게로 도약하는 미래, 키에르케고르에 따르면 딱 이 시기의 설렘까지가 사랑이다.

그러나 어느 순간부터는 서로를 열망하던 시기 이전의 각자 자신으로 돌아가 있다. 아니 어쩌면 그보다도 못한 관계로 퇴락해 있는 것인지도 모르겠다. 친구에게 지키는

의리보다도 못한 범주로 밀려나는, 친구였다면 그렇게까지는 하지 않았을 말을 기어이 내뱉고, 친구들에게도 안 하는 짓을 그 사람에게는 저지르면서도, 그러나 또 사랑이란 이유로 서로에게 닦달을 해대는…. '사랑도 의리'라는 어느 드라마 대사, 어쩌면 사랑도 예의이어야 하는 것은 아닐까?

사랑은 두 불완전한 개인이 따로 떨어져 존재하면서 서로를 찾아 헤매다가, 동시에 상대방 안에서 그리고 상대방에 의해서 자신을 발견하는 것이다.

— 헤겔

사랑과 욕망에 관한 헤겔의 변증법적 고찰, 사랑에 빠지는 이유는 타자 안에서 나를 온전히 채워 줄 무언가를 발견하기 때문이다. 대상 자체를 사랑한다기보단 대상을 향하고 있는 나의 사랑을 욕망하는 것이다. 그 혹은 그녀의 실상을 사랑하는 것이 아니라, 그 혹은 그녀인 줄 알았던 환상을 사랑한 것이다. 오해도 이해에서 비롯된다는 말, 이 대자적 증상을 흔히 '콩깍지'라고 부른다. 너는 너의 사랑을 했고, 나는 나의 사랑을 했다. 그리고 서로를 사랑한다고 믿어 버렸다. 그 각자의 환상에 결핍되어 있던 건, 서로의 실상에 지켜야 할 최소한의 예의가 아니었을까?

7. 타인의 시선

우리는 곧바로 우리 자신을 사랑하는 것이 아니다. 우리가 실상 사랑하는 것은 타자들에게 사랑받는 것이다. 즉 우리는 우리에 대한 타자들의 사랑을 사랑한다.

― 헤겔

헤겔의 변증법으로 설명하자면, 나의 존재는 타인이 나를 인식하는 순간에야 발생하는 것이다. '나'를 인지하는 타인의 존재 없이 나 홀로 살아가는 세상이라면, 결코 '너'로부터 구분되는 '나'라는 개념 자체도 존재할 필요가 없다. 역설적으로 '나'는 '너'의 결과이며, 자기애 또한 타인의 시선에 의존하는 증상이다. 그렇듯 자아는 타자의 장에 종속된 상태에서만 성립할 수 있으며, 우리는 욕망의 대상조차 타자로부터 지정받는다.

> **사실상 욕망의 본질은 자기의식이 아닌 타자에 안겨지는 바, 이러한 경험을 통하여 욕망의 진상이 밝혀진다.**
>
> — 헤겔

자아란 항상 어떤 관계에 발을 걸고 있는 '나'이다. 부모로서의 자아, 자녀로서의 자아, 부장으로서의 자아, 친구로서의 자아…. 다시 말해 오롯한 '나'의 경계 안이 아닌, 나다운 모습을 미리 규정하는 타자의 담론을 매개하는 관점이다. 우리는 '너'에 대한 '나'로써 '너와 나'를 이해한다. 타인은 단순히 나의 바깥이 아니라, 나를 조건 지우는 함수이기도 하다. 하여 남들처럼은 살아야겠어서, 혹은 남들보다는 잘 살아야겠어서, 부단히도 그 남들의 준거에 닦달을 당하는 인생이기도 하고…. 그러나 또 남들이 보고 있기에, 그 남들 보란 듯이 해내야 하는 당위의 동력이기도 하며, 나를 바라보는 너에 대한 내 존재의 이유이기도 하다는….

8. 의심의 변증법

　의처증 혹은 의부증 환자는, 도리어 자신에게 그런 욕망이 숨어 있는 경우라고 한다. 자신이 그럴 수 있는 가능성을 지녔기에, 다른 사람도 그럴 것이라는 예단으로 병을 키우는 것이다. 명품에 집착하는 이들에게 필요 이상의 성토를 쏟아 내는 증상은, 자신에게도 명품에 대한 욕망이 들끓고 있다는 고백이기도 하다. 명품 따위엔 초연한 이들은, 그 스펠링을 에르메스로 읽는 것인지 헤르메스로 읽는 것인지 관심도 없다. 당신을 미치게 하는 원인은, 부조리한 현상 이전에 당신의 부조리한 내면인지도 모른다.

　아빠와 오빠 말고는 이 세상 모든 남자를 믿지 말라는 아빠와 오빠들은, 그 자신들이 집을 나서는 순간, 세상의 모

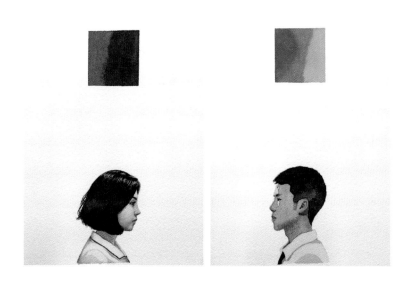

든 남자가 된다. 믿지 말아야 할 세상 모든 남자의 근거는 도리어 오빠와 아빠다.

도처에서 악을 지각하는 결백한 시선 그 자체에도 악이 존재한다.

— 헤겔

9. 신과 인간

신적인 전지성을 통해 인간은 모든 것을 알고 싶어하는 자신의 욕망을 충족시킨다. 신적인 편재성을 통해 인간은 어떤 장소에도 구속되지 않으려는 자신의 욕구를 실현시킨다. 신적인 영원성을 통해 인간은 어떠한 시간에도 구속되지 않으려는 욕구를 실현시킨다. 신적인 전능성을 통해 인간은 모든 것을 할수 있는 자신의 욕구를 관철시킨다.

— 포이어바흐

마르크스 철학을 처음 접할 시,《포이어바흐에 관한 테제》라는 입문서로서의 주제를 맞닥뜨리게 된다. 마르크스 철학이 헤겔의 물구나무로 표현되기도 하는 바, 마르크스에게 지대한 영향을 미친 포이어바흐 역시 처음에는 헤겔의 추종자였다. 서양철학사에서 헤겔이 자주 언급되는 이유는 관념론의 절정으로 피어난 당대 주류였다는 점에서이다. 그러나 호황이 불황의 전초이듯, 관념론의 절정기는 관념론으로부터 회의를 느끼며 돌아선 철학사의 거점들을 잉태하고 있었다. 따라서 그 거점들을 소개할 때마다 헤겔이 비판의 대상으로서 등장하기 마련, 쇼펜하우어와 니체, 키에르케고르, 포이어바흐와 마르크스 등등 '헤겔 이후'로 인접해 있는 거의 모든 철학사가 그 사례이다.

포이어바흐는 헤겔의 추종자에서 비판자로 돌아선다. 관념으로는 아무것도 바꿀 수 없다는 요지, 철학의 임무는 해석에서 그치는 것이 아니라 세상을 변화시키는 것이라는 마르크스 철학의 선구적 지점이기도 하다. 포이어바흐의 관심은 구체적인 삶의 현장성이다. 철학의 대상은 무엇보다도 인간 현존의 문제이어야 한다. 그 반동으로 뻗어나간 비판이 향한 대상은 당연히 당대의 기독교였다. 관념의 천상으로 현존의 지상을 지배하던….

인간은 실제적이지는 않지만 자신이 소망하는 바를

신적으로 만들거나 혹은 그것이 그의 신이다.

– 포이어바흐

신을 조롱하거나 신을 거부한 사상가들은 실상 절대적 존재를 부정하는 것이 아니다. 인간의 욕망과 교회 권력을 위해 봉사하는 정치화된 신, 그 환영의 성격을 부정하는 것이다. 유한의 존재들이 무한의 영역에 대해 안다고 떠들어 대는 것이 말이 되느냐 말이다. 인간의 지평으로 이해할 수 있는 신이 더 절대적이겠는가? 인간의 지평으로는 끝내 닿을 수 없는 신이 더 절대적이겠는가?

스피노자는 말한다. 우리가 신을 이해할 수 있는 방법은 신이 내린 이 세상의 섭리를 이해하는 것뿐이라고…. 하여 그의 신학에 《에티카(윤리학)》이라는 제목이 붙여진 것이기도 하다. 인간의 지평대로 창조된 신이 인간의 욕망대로 설정된 가상에 불과하다는 점에서, 포이어바흐는 '신학의 비밀은 인간학에 있다'고 말한다. 목회자들과 그 교인들이 저지르는 비상식과 부도덕은, 과연 신의 존재를 믿는 이들의 행태라고 할 수 있을까? 도대체 누가 무신론자인 것일까?

10. 자본과 신앙

당신의 존재가 희미하면 희미할수록, 그리고 당신이
당신의 삶을 적게 표현하면 할수록, 당신은 그만큼
더 소유하게 되고, 당신의 삶은 그만큼 더 소외된다.
... 삶과 인간성에 있어서 경제학자가 당신으로부터
빼앗아 간 모든 것을 그는 돈과 부의 형태로 되돌려
준다.

– 마르크스

　라캉을 언급하는 페이지에서 늘상 반복되는 이야기지
만, 자신의 존재의미를 해명할 수 있는 적당한 승화방략이
없는 경우에, 가장 용이한 형태의 대리만족은 자본사회가

권고하는 상징이다. 포이어바흐는 이와 다르지 않은 기능으로서의 신을 성토한다. 각자의 삶으로 증명해야 할 사안도 신이란 초월의 명분에 의존함으로써, 인간은 저 스스로를 평가절하하며 자기 자신으로부터 소외된다는 것.

때문에 니체는 신에게 사형을 언도하며 인간으로서 마땅히 지녀야 할 삶으로의 권리를 회복하고자 했던 것이다. 그러나 인간세가 신학의 지배로부터 벗어나기 시작할 즈음부터 자본이 신의 자리를 꿰찼다는 마르크스의 일갈, 이제 인류에게 돈은 신앙의 속성이다. 금리가 너희를 자유케 하리라!

11. 사랑과 신뢰

... 사랑을 끌어낼 수 있는 것은 사랑뿐이며, 신뢰를 끌어낼 수 있는 것은 신뢰뿐이다. 그 밖의 것도 마찬가지이다. 만일 당신이 예술을 즐기고 싶다면 당신은 예술적인 소양이 있는 인물이 되어야 한다. 만일 당신이 남에게 영향을 주기를 바란다면 당신을 진짜로 남을 자극하고 격려할 수 있는 힘을 지닌 인물이 되어야 한다. ...

— 마르크스

경제학자 케인즈는 마르크스의 《자본론》을 경제학 서적이라기보단 인문학 서적으로 분류해야 맞다고 말했다. 그

런데 또 이것이 마르크스에 대한 제대로 된 품평인지도 모르겠다. 그가 궁극적으로 말하고자 했던 주제는, 정치경제 체제를 넘어선 휴머니즘이기도 했으니 말이다. 실질적인 공산국가는 중국과 북한밖에 남아 있지 않은 오늘날에도 철학의 영역에서 마르크스가 현재진행형인 이유는, 어떤 체제건 간에, 그의 휴머니즘에 충실했던 사회가 있어 본 적이 없기 때문이기도 하다.

오늘날의 자본주의 감각에서는 다소 피상적이고도 추상적인 사랑과 신뢰에 관한 어록인지도 모르겠다. 그런데 또 다르게 생각해 보자면, 그런 사랑과 신뢰에 부합하는 인물들이 진정성 있는 사랑과 신뢰의 대상이기도 하지 않을까? 요즘의 시절에는 드물어진 희소가치이지만, 저 자신이 그만큼의 희소성으로 살다 보면 언제고 만날 수 있는 사랑과 신뢰는 아닐까? 그저 욕망으로만 살아가는 당신 앞에 다가온 그 사람이 사랑이고 신뢰일리도 없지 않은가. 당신의 욕망에 부합하는 그 사람 역시 인격화된 욕망일 가능성이 높지 않겠나?

12. 레디메이드 인생

기성복보다는 맞춤복이 몸에 잘 맞는다. 그러나 사
람들은 대개 기성복과 같은 행복을 머리에 그리고
있다.

— 알랭

아직도 그 제목을 기억하고 있는, 학창시절의 문학 시간
에 배웠던 《레디메이드 인생》이라는 소설. 그 내용까지는
기억나지 않아도, 기억하고 있는 제목만으로도 충분히 짐
작이 되긴 하는⋯. 알랭이나 채만식이나 모던의 시절을 살
아간 지식인이었던 터, 물론 포스트 모던도 옛말이 되어 버
린 지금의 시대에도 그들이 지적한 문제가 여전히 현재진

행형이긴 하지만, 저 수사 자체는 구닥다리처럼 느껴진다. 요즘에 맞춤 정장을 입는 사람들이 많기나 한가? 어찌 됐건 그 맞춤복이라는 비유의 전제하에서 잇대 보자면, 맞춤복보다 몸에 더 잘 맞는 경우는 오래도록 자주 입어 온 옷이라는 거. 그 핏이 내 태에 잘 맞기에 자주 입은 것이기도 하고, 그 빈도만큼으로 내 체형에 길들여지는 것이기도 하고….

그런 시간의 가치를 잃어 가는 '신상(新商) 숭배'의 시절. 어차피 '최신'이란 수식도 한시적인 효용에 불과하며 그 모두가 잠재적 구닥다리이다. 도시가 제공하는 화려함들은 잠재적 잔해로 지어 올린 폐허의 이미지이기도 하다는 역설. 잔해와 폐허 사이에서 소장의 욕구가 일어날 리 없다. 소장의 가치를 잃어버린 소비사회에서는 소장할 만한 콘텐츠 자체도 찾아보기 힘들다는 순환의 문제를 안고 있기도 하다. 실상 그것이 전혀 불편하지 않은, 그것이 왜 문제인지에 대한 인식 자체도 변해 가고 있는 시대. 피에르 상소의 지적처럼, 새로운 것에 대한 광적인 숭배는 불쌍하게 보이는 잔존물을 받아들이지 않는다.

사람도 그렇지 않은가. 오래도록 자주 만나 온 사람들이 내게 더 잘 맞는 이들이지만, 요즘은 사람도 소비가 되는

시절이다. 하여 커뮤니티가 넘쳐나고 새로운 만남은 많아
도 관계에는 더 서툴러지고, 보다 많은 관계의 문제가 발생
하는 시대에, 다 함께 있지만 외로운 사람들.

13. 쾌락의 경제학

가장 가까운 사람의 경우에도 매력이 유지되려면,
그의 일부분은 불명확하고 비가시적이어야 한다.

— 짐멜

쾌락의 경제학에서 환상은 되레 본질적인 요소이다. 전
혀 가려져 있지 않은 대상은, 그 뒤에 어떤 반전을 숨기고
있을지에 대한 상상을 차단한다. 과도한 투명성은 매력도
를 낮추고, 환상을 짜 넣을 수 있는 가능성을 금한다. 솔직
한 성격이 미덕일 수는 있어도, 누구 묻지도 않았건만 먼저
저 자신을 다 까발리는 것도 괜한 짓이라는 이야기. 너에
게만은 솔직하겠노라 모든 것을 다 말하는 관계는, 자칫 아

무엇도 지킬 여지가 없는 태만으로 흐르기도 하지 않던가. 적정의 긴장감과 신비감을 위해서라도 적당히 가리고 거를 것.

아름다운 것은 베일도 아니고 가려진 대상 자체도 아니다. 아름다운 것은 베일 속의 대상이다. 하지만 이 대상은 베일이 걷히고 나면 이루 말할 수 없이 초라한 모습을 드러낼 것이다.

— 벤야민

14. '아우라'가 사라진 시대

어떤 경험을 만들 수 없는 사람에게는 어떤 위로도 없다.

— 벤야민

많이 회자되는 벤야민의 주제는 대량복제시대에 개체에서 사라지는 '아우라'에 대한 것이다. 자본이 주도하는 경향과 사조가 개인의 시간과 의미를 앞질러 버린 시대에는 개인의 스토리텔링이 사라진다는 것. 지금의 시대에는 존재를 규정짓는 시간도 대량생산이 된다. 벤야민의 표현을 빌리자면 '인식은 일종의 소유'인 바, 지금의 시대에는 인식도 공유를 한다. 모두가 같은 것을 욕망하고 같은 곳만

바라본다. 그로부터 자유로워지겠다는 소확행의 매뉴얼이 어쩜 그토록 사람마다 같을 수가 있을까? 그 소소함조차도 자본이 이끄는 경향과 사조에 끌려가는 하나의 상품이다.

그런데 이것이 단지 시장과 상품만의 관계에서 그치는 문제냐 말이다. 사람도 사랑도 상품으로 내놓아지는 시장의 담론 속에서 모든 것은 자본이 키를 쥐고 있다. 서점가의 매대에도 '팔릴 만한' 대답들이 우선순위이다. 자기 스스로를 해명할 수 있는 경험에는 도통 관심이 없다. 그리고 정신의 문제들을 점점 키워 가는 세태. 철학사에서 벤야민의 지점이 그와 관련한 유의미이기도 하다. 그의 문화비평은 프로이트의 정신분석으로 마르크스의 경제학을 해석한 경우이다. 정신의 구조를 지배하는 자본의 구조에 관한….

'우리가 어떤 현상의 아우라를 경험한다는 것은 시선을 되돌려 줄 수 있는 능력을 그 현상에 부여하는 것'이다. 다시 말해 아우라는 계속해서 바라볼 수 있는 가치들이다. 소비해 버리고 마는 것이 아닌, 소장으로써 '상품으로서의 성격을 영원히 제거하는' 개체의 특이성이다. 현대 사회는 그런 아우라를 상실했다. 모든 것이 일회적이며, 이것을 선택하는 것이 저것을 선택하는 것과 별 다른 차이가 없다.

15. 도시의 초상

 벤야민의 《아케이드 프로젝트》는 파리의 여행기 같은 성격이면서도, 이게 도대체 뭘 말하는 것인가 싶을 정도로 난해한, 도시의 소외된 구석구석까지를 다루는 알레고리들로 채워져 있다. 벤야민은 도시의 풍경 하나하나를 각자의 '모나드'로 이해한다. 각각의 풍경이 지닌 역사와 그 풍경 속을 살아가는 이들이 지닌 삶의 방정식을 순간에 펼쳐 놓은 이미지, 그런 도시의 자화상을 써내려 간 텍스트이다.

 그는 도시가 지닌 우울증을 풍요로움의 결과로 진단한다. 오히려 그가 살았던 모던의 시절과는 비교할 수 없을 만큼 풍족해진 오늘날에 더 타당한 진단인지도 모르겠다. 풍요 속에서 겪는 결핍의 문제는 사물 그 자체와 관련된 것

I . 그들 각자의 스토리텔링

이 아니다. 그보단 사물을 규정짓는 조건들에 휘둘리는 결과이다. 그것을 지님으로써 얻게 되는 충족감은 사물의 사용가치에 준하지 않는다. 그것을 소유함으로써 아울러 소유할 수 있는 상징성이 관건이다.

유행은 새로운 것의 영원한 회귀이다. 그럼에도 유행 속에 구원의 모티프가 있을까?

— 벤야민

벤야민의 철학에서 '환등상(phantasmagoria)'의 개념, 도시에 진열된 상품은 대중들이 지향하는 꿈으로서의 환상이다. 자본사회를 살아가는 대중에게 자본이 강권하는 꿈은, 대중들이 다른 곳으로 눈을 돌리지 못하게 할 정도로 스펙타클하다. 벤야민의 표현을 빌리자면, 이미 시각을 넘어선 촉각의 심상이다. 그 희열의 충격량을 경험할 수 있는 곳은 쇼윈도가 늘어선 도심의 거리이다. 자본은 대중을 유도하고, 대중은 자본의 유도대로 꿈의 길목으로 들어선다. 대중은 거리에 전시된 많은 꿈들 사이에서, 그것들의 더 많은 소유로 자기 갱신의 욕망을 실현해 간다.

거리에는 자기 갱신의 꿈에 부합하는 새로운 것들이 늘

상 등장한다. 그러나 이미 지니고 있는 것과의 차이라곤 그저 모델명밖에 없다. 새것의 등장으로 기존의 것은 '잔해'가 되어 버린다. 잔해 위에 잔해가 출시되는 반복, 우리는 매번 잠정적 잔해로서의 신상을 구입한다. 때문에 새로운 것을 갈망하는 우리의 꿈은 충족이란 걸 모른다.

새로움, 새로움에의 의지, 새로움은 결국에는 어떤 음식보다도 더 필수적인 것이 자극적인 독 중의 하나이다. 일단 그 독소들이 우리를 지배하고 나면, 언제나 그렇듯이 거의 죽음에 이를 정도로 치명적이되게 그 양을 늘려야 한다. 사물들의 무상함, 즉 정확히 말해 사물들이 지니는 새롭다는 특징에 이렇게 집착하는 것이 이상하다.

— 벤야민

시장은 항상 진보의 가치를 종용한다. 우리는 그것에 뒤처지면 안 되고, 거기서 멈추면 안 되고, 그 순간에 참여하지 않으면 안 된다는 강박에 떠밀린다. 그러나 이월 상품과 신상의 차이가 무엇인가를 들여다보면, 딱히 디자인과 기능이 지닌 위계인 것도 아니다. 그저 사물을 둘러싼 시간적 조건이 그것의 가격을 결정하고 있을 뿐이다.

사물 그 자체의 가치는 사물로부터 소외가 되고, 그것을 둘러싼 조건들만 도시를 채우고 있다. 사물은 잠시 소장하는, 소비의 대상일 뿐이다. 우리는 사물을 구매하는 것이 아니다. 사물이 지니는 상징을 구매한다. 때문에 우리의 결핍을 잠시 만족시켜 주다가 유행 따라 흘러간다. 현대철학의 지적은 문화의 영역과 관계의 문제에까지 이런 시장적 풍토에 지배를 받는 세대에 관한 것이다. 심지어 사랑의 문제조차도….

16. 문화산업과 자본사회

어떤 영화나 방송 프로그램이든 언뜻 보면 임의적인
것처럼 보이지만, 사실은 사회 속에 사는 사람이면
누구나 벗어날 수 없는 작용을 사람들에게 가하려
한다.

— 아도르노

《계몽의 변증법》에 적혀 있는 어록인데, 이 앞뒤를 채우
고 있는 맥락으로 해석하자면, 대중은 매체에 의해 조장된
미덕으로 문화상품을 소비하는 피동적 수용자라는 함의이
다. 아도르노의 큰 주제는 헤게모니를 쥔 지식들에 관한 것
이다. 계몽의 시대를 거치면서 대중들의 의식수준은 높아졌

지만, 그 계몽의 명분으로 주입된 지식의 성격이 과연 어떤 것이냐에 대한 질문과 더불어, 이 질문으로부터 독일의 파쇼를 분석한 대답까지 내놓는다. 문화산업에 관련한 페이지에서도, 대중들에게 제공되는, 자본 권력의 주도하에 작성된 선택지에 초점을 맞춘다. 대중은 자본이 조작하는 거짓된 욕구에 맞춘 문화를 향유하려 든다는 것.

개인적으로는 아이돌 음악 위주의 시장이 문제라고 생각하지는 않는다. 한류의 주역이란 점에서, 글로벌 시대에 가장 최적화된 한국형 모델인지도 모르겠고…. 그러나 경쟁력이라고 판단되는 영역에만 투자가 이루어지는 산업 구조 내에서는, 그 이외의 영역이 정말로 경쟁력이 있는지 없는지를 시험해 볼 수 있는 기회조차 잘 주어지지 않는다. 음악뿐만이 아니라 영화, 출판, 미술 등등 문화산업 전반에 걸쳐…. 아도르노는 당대의 미국을 비판한 경우이지만, 그 편중의 문화가 더욱 심각한 오늘날의 한국이 보다 부합하는 모델인지도 모른다. 뭐가 된다 싶으면 우르르 몰려가는 통에, 대중들 입장에서도 선택지가 다양하지도 못하고 그 편중된 소비에 준해 생산이 되는 순환.

아도르노, 꽤나 우아한 이름 아닌가? 개인적으로는 프랑스에서는 사르트르가, 독일에서는 아도르노가 괜찮은 어감의 이름 같다. 실상 그 어감이 공부에도 영향을 미친다. 내 글에 그 이름을 언급하고 싶어서 한 번이라도 더 들춰 보게 되니 말이다. 벤야민보다는 한참이나 어렸지만 누구보다 그의 천재성을 사랑한 지기(知己)였으면서도, 때로 벤야민의 너무 난해한 사유에는 서슴없이 비판적 견해를 건네기도 했다. 벤야민의 자살 이후 그를 추모하는 철학을 개진하기도 했다.

17. 사랑과 언어

타인의 맞아들임, 환대, 또 욕망과 언어는 사랑으로
서 성취되지 않는다. 그러나 대화의 초월은 사랑과
엮여 있다. 우리는 어떻게 해서 사랑에 의해 초월이
더 멀리 나아가는 동시에 덜 멀리 나아가게 되는지
를 보여 줄 것이다.

— 레비나스

'환대'의 철학은, 자신과 다소 다른 결의 생각에도 열려 있
으란 요지이다. 자신의 체계로만 타인을 바라보지 말고, 이
해가 가지 않더라도 거부부터 하지 말 것. 자신의 체계만을
고집하는 건 유한의 성격이다. 그 경계 너머를 기꺼이 받아

들일 수 있다는 건, 무한에 대해 열려 있는 것이다. 때문에 레비나스는 타자를 '무한의 이념'이라는 형이상학적 성격으로 설명한다.

그런데 사랑의 대상은 조금 경우가 다른 타자이다. 그것은 환대의 성격을 넘어선 증여의 개념이다. 받아들인다기보단 일방적으로 줄 수밖에 없는 상황이다. 내가 아무리 그 사람에게 열려 있더라도 끝내 이해되지 않을 수도 있다. 그러나 끝내 사랑하지 않을 수 없는 사람. 소통의 도구인 언어가 사랑 앞에서는 무력하다. 아무리 표현해도 모자라거나, 표현 자체가 불가능하거나, 등가의 언어를 찾아내려는 노력이 모두 부질없다. 그러나 그렇기에 때론 말하지 않아도 아는 것, 그런 게 사랑이기도 하고….

내가 왜 저렇게 예의 없는 여자에게 끌리고 있는 것인지 당최 이해가 되지 않지만, 무슨 사연이 있겠지 하며 내 스스로를 설득해 보기도 한다. 저 여자에게 도대체 무슨 마가 끼어서 저렇듯 형편없는 놈을 좋아하나 싶어도, 이미 어찌할 수 없는 사랑이다. 그러나 끝내 받아들여지지 않을 수도 있는, 그렇다고 주지 않을 수도 없는 그런 감정. 스토커 기질이 있거나 강한 집착을 보이는 이들은, 일방적인 증여라기보단 일방적인 소유를 욕망하려 들기 때문에 그 사단을 불러일으키는 것일 테고…. 그 사람을 사랑한다기보다는, 받아들여지지 않은 자신의 사랑이 상처받는 걸 못 견뎌하는 것이다.

18. 사적인 영역

우리는 매우 중요한 문제들이 오직 사적 영역에서만 살아남을 수 있다는 것을 안다. 예를 들어 사랑은 우정과는 달리 공적으로 드러나는 한 끝나거나 없어진다.

— 아렌트

계몽의 시대 이후로 합리적 세계관이 대중들의 토대가 되면서, 인간의 삶을 사회과학적으로 설명하려는 시도들이 지금까지 이어져 오고 있지만, 니체 이후의 현대철학들은 되레 삶이 지니고 있는 비논리성에 관심을 기울인 경우이다. 아렌트는 그런 합리적 시도들의 기저에 경제학이 있

다고 말한다. 개인을 '사회적'이란 명분에 보다 효율적으로 순응시키기 위해서는, 하나의 표준을 제시하고 그 표준에서 벗어난 성향들을 '이상한' 범주로 몰아가면 된다.

왜 사랑을 그런 식으로밖에 못 하느냐고 묻고 있는 듯한, 사랑에 관한 카운슬링들이 그렇지 않던가. 그들 각자의 사랑을 우리 모두의 경우로 번안하는, 호환성의 카운슬링을 거쳐 사랑도 상품화가 된다. 그렇게 공론화가 되어 버리는 사랑에 관한 지식들이 과연 내게까지 사랑일 수 있을까? 그것이 합리적으로 설명되지 않는, 타인과 공유되기 힘든 사적 영역이기에, 당사자에게서만 특별한 사랑인 것이 아닐까?

인간의 삶, 특히나 관계의 문제 있어서는 분명 인문적 보편의 요소들을 지니고 있기 마련이다. 그러나 우리가 매일 같이 맞닥뜨리는 구체적인 삶의 현장에서 보다 절실히 따져야 하는 것은, 보편의 표준에서 '나'의 성향만큼으로 떨어져 있는 '편차 그 자체'로서의 조건이라는 것. 현대의 철학들은 그런 각자의 사랑적 조건에 대해 질문을 던지고 있는 것이다.

19. 도시의 인문학

정확히 말한다면, 폴리스는 지리적으로 자리 잡은 도시국가가 아니다. 폴리스는 사람들이 함께 행위하고 말함으로써 발생하는 사람들의 조직체이다. 그리고 폴리스의 참된 공간은, 그들이 어디 있든지 간에, 이 목적을 위해 함께 살아가는 사람들 사이에 존재한다.

– 아렌트

폴리스란 현상으로서의 공간이라는 아렌트의 설명. 공간은 그곳을 딛고 살아가는 인간들의 가치체계를 투영하기 마련이다. 그리고 인간은 스스로 지어 올린 공간을 다시 자신들의 가치체계에 반영한다. 즉 공간은 그 안을 흐르고 있는 시간을 표현한다. 공간은 인간의 정신으로 순환하는 시간적 성격이기도 하다. 이런 순환의 도식이 하이데거가 말하는 '다자인(Da Sein)'적 상황이기도 하다. 즉 하이데거의 계보로서 아렌트는, 공간을 '존재와 시간'으로 설명하고 있는 것이다.

우리에게는 광화문이란 장소가 광화문 그 자체만을 가리키는 것은 아니다. 붉은 악마들의 열정과 촛불의 열망으로 다시 세운 역사로서의 시간이기도 하다. 하이데거를 빌리자면, '존재는 거주함에 있고, 거주는 건축을 통해 완성'된다. 짓기, 살기, 사유하기의 연쇄작용을 증명하는 풍경이, 우리의 정신으로 뻗어 나온 현상이기도 하다. 도시가 지닌 풍경은 오늘을 살아가는 현대인의 정신을 증명하는 현상이기도 하다. 서울은 전 세계에서 스타벅스 매장이 가장 많은 도시라고 한다. 그만큼 우리의 사유가 이미 글로벌적이라고 할 수 있는 것일까? 아니면 자본이 종용하는 프랜차이즈화에 취약한 존재들이라고 해야 되는 것일까?

20. 사랑의 기술

먼저 배워야 할 것은 삶의 기술이듯이 '사랑도 기술'
이라는 것을 알아야 한다는 점이다. 우리가 사랑하
는 방법을 알고 싶다면 음악이나 그림, 건축, 또는
의학, 공학을 배우고자 할 때와 똑같은 방법으로 시
작해야 한다.

― 프롬

　에리히 프롬의 《사랑의 기술》에서 지적하는 바는, 우리
가 사랑의 문제를 '사랑하는' 행위 그 자체보다는 '사랑받는'
조건에 대해서 다룬다는 점이다. 즉 사랑은 '대상'의 문제일
뿐, '능력'의 문제로 취급되지 않는다는 것. 그래서 사랑할

수 있는 능력으로서의 기술에 관한 이야기를 기술하겠다는 취지이지만, 개인적으로는 그다지 큰 감흥은 없었던 기술에 관한 기술. 사랑의 본질을 바라보는 입체감의 문제랄까? 정신분석보다는 탈무드 관련 서적을 읽고 있는 듯한, 조금은 플라톤주의로 기울어 사랑의 이데아를 찾아야 한다는 도덕적 논리들만 늘어놓고 있는 듯한…. 되레 이 책이 논외의 범주로 구분하는, 우연히 겪게 되는 사랑이 보다 본질적인 성격은 아닐까? 미연에 대비할 수 없었던 교통사고처럼 다가오는 그런 것.

'삶의 기술'이라는 전제에는 동의할 수 있으나, 사랑을 의학과 공학에 비유하는 대목도 별로…. 서툴면 서툰 대로 문제가 발생하고, 능숙하면 능숙한 대로 곤란한 상황으로 미끄러지는 게 사랑이니 말이다. 유행가의 유치한 가사에 보다 공감할 정도로, 사랑 그 자체가 비합리이기도 하다. 인류의 사랑에 대해서는 어느 철학자도 한마디씩은 다 했지만, 정작 저 자신의 사랑이 순탄했던 철학자는 또 별로 없었던 철학사. 남의 사랑에 대해서는 지극히 냉철하면서도 자신의 사랑 앞에서는 세상 끝났다는 듯 울고불고 난리를 치는, 그런 게 사랑이니 말이다.

21. 루소로 돌아가자

물고기가 밝음과 어둠을 기준으로 하여 냄새를 심미적으로 구분할 수 있고, 또 벌은 무게를 기준으로 빛의 강도를 분류할 수 있다면, 화가와 시인과 작곡가의 창작물, 그리고 원시 인류의 신화와 상징도 그런 식으로 우리 앞에 나타나야 할 것이다. 그것은 지식의 더 우수한 형태는 아니더라도 어쨌든 지식의 가장 근본적인 형태이며, 우리 모두가 공통적으로 지니고 있는 유일한 것이다.

— 레비스트로스

앞 구절은 흡사 《장자》의 〈제물론〉 편을 연상케 하는, 레

비스트로스의 《슬픈 열대》에 적혀 있는 글이다. 루소의 기치가 '자연으로 돌아가자'였다면, 레비스트로스에게서는 '루소로 돌아가자'이다. 하여 이 구절에서의 방점은 '원시인류'이다. 레비스트로스가 이상으로 삼았던 공동체 질서는, 루소의 표현을 빌리자면 '원시상태의 나태함과 문명의 자기애에서 비롯된 탐색 행동 사이의 중간 지점'이다. 조금 더 가볍고 무난한 언어로 바꾸자면, 자연친화적이면서도 문명의 흔적이 아예 없는 정도는 아닌, 이를테면 《오래된 미래》에서의 라다크와도 같은 풍경이랄까?

레비스트로스의 글쓰기 모델은 프루스트의 문학이었다고 한다. 그래서일까? 《슬픈 열대》는 보물을 찾아 떠나는 모험소설 같은 느낌이기도 하다. 물론 인류학자에게 원시의 모습을 간직한 열대 우림은 그 자체로 보물이기도 했겠지만…. 프루스트의 소설이 지닌 특징은, 풍경이 담지하고 있는 암호를 해독하고 그 즉자적 감흥을 상징적 기호로 포섭한다는 점이다. 지금 내가 써내린 문장이 이해가 되나? 프루스트에 관한 이런 수사 자체가 프루스트 문체의 특징이기도 하다. 쉽게 말해, 읽기가 쉽지만은 않은 문학이라는 거. 《슬픈 열대》 역시 제목이 건네는 감성으로만 읽어 내릴 수 있는 텍스트는 아니다.

레비스트로스에 따르면 문자를 사용하지 않는 원시부족들은 엄청난 기억력을 소유하고 있단다. 그 기억의 한계를 보완하기 위해서라도 결국엔 문자가 필요했을 것이고, 문자가 발명된 이후 기억의 능력은 점점 퇴보했다. 그는 이런 역사가 꼭 진보라고 할 수만도 없지 않는가를 묻고 있는 것이다. 많은 인류학자들이 그렇듯, 그도 원시부족을 현대 문명의 플래시백으로 간주한다. 그리고 문명 입장에서 진보로 간주한 모든 가치에 메스를 가한다. 유럽과 백인 위주의 지식 혹은 상식에 대한 자성의 목소리를 낸 대표적인 지식인으로, '구조주의'를 저 자신의 키워드로 지니고 있는, 이후 철학 사조에 큰 영향을 끼친 인류학자이다.

22. 갈망의 뒷모습

여인에게 당장에 도달할 수 없는 남성은 '다른 것으로' 그 여인에 대한 열정을 드러낸다.

— 라캉

내 영혼의 텍스트 《슬램덩크》에서의 강백호가 대표적인 사례이지 않을까? 그가 농구부에 들어간 최초의 목적은, 오로지 농구를 좋아하는 채소연에게 잘 보이기 위해서이다. 그리고 그 신화창조의 여정 내내 자신이 설정해 둔, 결코 '여기'로 다가오지 않는 이상에 시달린다. 가장 큰 시련은 자신이 그토록 갈망하던 이상의 지점이, 채소연이 짝사랑하는, 그래서 그토록 미워했던 서태웅의 모션이었다는 사실이다.

강백호에게 있어 서태웅의 존재는 농구의 안과 밖에서, 모션과 이모션 모두에서 갈망인 동시에 절망이었다는….

남자들에게서 발생하는 어떤 계기 혹은 동기가 '여자'로 인한 것일 때가 있다. 그녀에게 잘 보이고 싶은, 혹은 불특정의 다수의 그녀들에게 환심을 사고 싶은 욕망에서 비롯되는 이런저런 노력들. 하여 라캉은 여자를 남자의 증상이라고까지 표현했던 것. 그러나 강동원과 원빈에게 굳이 저런 노력이 필요할까? 그 입장이 되어 보지 않아서 잘은 모르겠으나, 수려한 외모의 서태웅만큼이나 농구를 잘하게 된 강백호를 채소연이 좋아하게 될 거라는 보장도 없다. 물론 나중에는 그 의미가 변해 가지만, 《슬램덩크》의 초반에만 해도 농구는 강백호의 결핍감을 투영한 하나의 대리물에 불과했다.

이는 라캉이 근원적 욕망과 그것을 대리하는 기표의 관계를 설명하는 경우에 빗댈 수 있다. 우리는 그것에 닿을 수 없기 때문에 그 대리물들에 몰두한다. 현대사회에서 자본으로 상징되는 기표들은 결코 우리의 근원적 욕망에 닿을 수 없다. 소비를 통한 혹은 과시와 전시를 통한 만족감도 잠깐의 기분 전환일 뿐이다. 보다 깊은 심층으로 닿지 못하는 겉핥기는 계속해서 '핥는' 매뉴얼을 교체한다. 이것이 라캉의 페이지에서 자주 등장하는 환유연쇄 개념이다.

우리의 안에서 들끓고 있는 근원적 욕망에 가장 가까운 속성이 사랑이다. 때문에 정신분석 관련 저서들에서 '에로스'라는 단어가 자주 등장하는 것이기도 하지만, 이에 대한 프로이트의 '남근'적 해석도 한참이나 철이 지난 담론이다. 그냥 우리가 겪는 사랑에 관한 모든 것들로 이해해도 무방하다. 그 사람이 아니면 절대 안 되는 것. 그 사람과 함께 있어도 어찌 해야 좋을지를 모르겠는 것. 닿지 못하는 경우에는 그 주변을 맴돌며 그 사람의 환심이 내게 향할 것이라는 자기 전제하에서 무언가로 부산을 떠는 앳된 심정에 관한 이야기. 다시 《슬램덩크》에 비유하자면, 농구가 아닌 채소연 그 자체에 대한 것.

때론 닿을 수 없다는 결론 끝에서 차라리 부정으로 돌아서 버리기도 한다. 니체나 쇼펜하우어에게서 발견되는 여성 폄하의 발언은, 내 아무리 그들의 철학을 좋아한다지만, 옹호를 해줄 수가 없는 부분이기도 하다. 옹호하기엔 이미 돌아올 수 없는 강을 건넌 표현들. 그런데 실상 그들도 갈망했지만 서툴렀던 경우이다. 또한 자신보다 한참이나 어린 여성에서 들이댔다가 까인 경우이기도 하고…. 하지만 되레 자신에게 있는 원인을 여성에게 전가한 뉘앙스, 사랑에 관한 이런저런 금언을 늘어놓는 철학자들에게서 결코 쉽지 않았던, 사랑 그놈. 때로 혐오는 갈망이 뒤돌아선 자리에서 발생하는 왜곡의 나르시시즘이다. 서태웅에게 닿지 못하던 강백호가 자신의 이상을 부정하며 더더욱 자신 안으로 곪아들었듯….

23. 상품과 이미지

늘대소년이 늑대들과 함께 생활하여 마침내 늑대가
된 바와 같이, 우리들도 또한 서서히 기능적 인간이
되고 있다. 우리들은 사물의 시대에 살고 있다.

－ 보드리야르

여기서 사물이란, 보다 구체적으로 말한다면 상품을 의미
한다. 우리는 상품의 시대에 살고 있다. 모든 것이 교환가치
로 거래된다. 자기 PR로 끊임없이 자신을 홍보해야 하는 시
절에는, 인간의 품격조차도 그의 능력이 구비한 상품성 혹
은 그가 지닌 구매도가 판단기준이다.

상품은 실질적 사용가치로서보다는, 그것이 지닌 상징적

기능성으로 가격이 매겨진다. 그것을 사용함으로써 얻을 수 있는 이미지, 그것은 곧 그 사회에서 자신이 점한 포지션을 대리하고 있다고 믿는 상징이다. 명품의 기능은, 그것이 지닌 실질적 효율성이 아니라 그것이 지닌 상징성이다. 그 상징성을 소유하는 것으로 확보할 수 있는 심리적 안정감과, 그것을 갖지 못했을 경우 느끼게 될 열등감의 해소가 주된 목적이다. 보드리야르는 이런 경우를 기호가치(記號價値)라고 일컫는 것이다.

그렇듯 사물은 하나의 기호이다. 그 기호가 매개하고 있는 의미를 소비하는 것이다. 보드리야르는 그런 환상을 소비한다는 점에서 내내 비판적 입장이지만, 또 그것이 꿈의 소비로까지 이어진다는 점에서 본다면 양가적이기도 하다. 퍼거슨 감독의 말처럼, SNS를 꼭 삶을 낭비하는 행위로 비판할 것만도 아니다. 그 이미지를 채우기 위해 애써 삶의 범주를 높이고 교양을 늘리는 개인들도 있다는 점에서 문화산업과 연계되는 표집이기도 하다. 물론 오늘날 문화산업이 지닌 자본의 논리는 또 짚어 봐야 할 문제이긴 하지만….

기호가치는 저 유명한 '시뮬라크르'와 디즈니랜드의 담론으로까지 연계되는 키워드이다. 자본주의적 일상 밖에서 누리는 여가조차도 자본이 구축해 놓은 환상들을 소비한다.

과연 우리에게 핼러윈 축제가 의미하는 바가 무엇일까? 요즘의 소확행 담론이 과연 자본사회에 대한 저항인가를 묻는다면, 소확행의 방식이 그처럼 매뉴얼화 되어 있고, 그를 실현하기 위해서도 적지 않은 자본이 든다는 사실도 뭔가 이상하지 않나?

24. 소비심리와 광고

욕구의 체계는 생산 체계의 산물이다.

— 보드리야르

이 어록에서 중요한 단어는 '체계'이다. 욕구가 곧 생산의 산물인 것이 아니라, 체계와 체계가 대응하는 방식이라는 것.

우리나라 남자들은 급여 수준보다 좋은 차를 몰고 다닌다고 한다. 하우스푸어로서의 좌절이 차에 대한 열망으로 옮겨 간 경우라는 설명도 있지만, 과시욕까지는 아니더라도 무시당하지 않으려는 불안이 투영된 풍토란 사실에는 군이 사회심리학의 지식을 들먹일 필요도 없을 것이다.

하우스푸어의 좌절이 차의 열망으로 '옮겨 갔다'는 건, 그들에게 집과 차의 가치가 별반 다르지 않다는 이야기이기도 하다. 유현준 교수의 말마따나, 주거의 용도보다 '화폐'로서의 기능을 더 많이 지니는 주택군이 있지 않던가. 하우스푸어들을 좌절시키는 주택은 대개가 그런 화폐로서의 성격이기도 하고….

화폐란 등가의 사물들을 환산하고 대리하는 단위이다. 즉 어떤 사물이 지닌 가치도 모두 화폐로 환산될 수가 있다. 요즘의 시절에는 사람과 사랑 그리고 삶의 가치도 환산이 가능하기도 하고…. 화폐로서의 기능이라면 그 사물이 주택이어도 자동차여도 상관없다.

다시 보드리야르의 어록으로 돌아가 설명하자면, 사물은 우리의 욕구와 대응하는 싱크로율이 아니다. 어차피 목적은 그 사물이 아니라, 그 사물이 가져다주는 심리적 안정감이다. 타인에게 과시할 수 있거나, 타인으로부터 무시당하지 않을 수 있는…. 이런 이유로 보드리야르는 소비 행위가 단순히 과시의 기능에 머무는 것이 아닌, 부의식에까지 관여하는 일종의 '언어활동'으로 정의한다.

충족감을 느낄 수 있다면, 그 대리의 자리에 어떤 사물이 있어도 상관없는 것이다. 욕구는 충족이 되면 더 이상 그것

을 원하지 않지만, 사물이 지닌 소비 기능과 연계해 작동하는 요구에는 한계란 게 있을 수 없다. 무한히 욕망하고, 만족감이 무뎌지는 순간에는 그 대리의 지점을 새로운 것으로 갈아 치우면 된다.

이 도식이 라캉의 정신분석에서 말하는 환유연쇄 개념이기도 하다. 우리는 그 대상 자체를 욕망하는 것이 아니라, 정말 무엇을 원하는지 알지도 못하는 상태에서, 당장에 충족감을 느낄 수 있는 것들로 대리만족을 반복하는 것이다. 보드리야르에 따르면 소비의 행위가 이와 다르지 않다는 것. 소비의 대상이 목적이 아니라, 소비의 행위 그 자체가 목적이다.

명품 시장은 부자들의 소비를 위해서라도 필요한 문화이다. 부자들이 너무 검소한 것도 디플레이션의 함수인지 모를 일이다. 문제는 명품이 가져다주는 위계가, 모든 계층의 욕망을 자극한다는 사실이다. 그것을 지니는 것으로, 그것을 지니지 않은 이들과의 '차이'를 즐겨 보는 것. 실상 너도 나도 다 소유하는 바람에 그 차이라는 것이 별 의미가 없음에도, 고급문화를 향유한다는 동질감을 소유해 보는 것. 그런 상징의 기능을 좇아 소비가 이루어진다.

보드리야르의 분석으로는, 시장이 조장하는 풍토에 대중

들이 수동적으로 이끌린다는 분석은 고전적 사회학의 논리이다. 그것은 시장이 종용하는 기준이 아니라, 대중들에 쟁취하고 싶어 하는 기준인 것이다. 물론 그 사이에는 대중의 구매욕을 조장하는 광고의 매질이 있긴 하지만, 대중들 스스로가 선택하게끔 하는 방식을 취한다는 것. 이를테면 광고는 이 차를 사달라고 애원하지 않는다. 당신은 아직도 이 차를 사지 않았는가를 묻는 식으로, 차가 지닌 위계의 상징성을 슬쩍 흘릴 뿐이다.

25. 소진된 인간

피로에 관한 단순하고 소박한 견해는 뒤집어야 한다. 피로는 과다한 외면적인 사회활동과 상반되는 그러한 수동성이 아니라, 반대로 현재의 사회관계에서 보이는 일반적인 수동성의 강제에 대해 일정한 조건하에서 대항할 수 있는 유일한 활동형태이다.

— 보드리야르

진정한 수동성은 체계에의 자발적 동조 속에서, 가령 쉴 틈조차 없이 일에 몰두하는, 생기 가득한 눈빛과 탄탄한 체력을 지닌 정력적인 관리직에게서 발견된다.

― 보드리야르

사회생활을 하다 보면, 아니 그 사회생활을 준비하기 위해서라도 우리는 많은 것들을 강요받는다. 그러나 보다 좋은 대학에 입학하고 싶은 수험생이 시험공부를 강요라고 느끼지는 않을 터, 마찬가지로 우리는 외부로부터 강요되어지는 것을 내재적 적극성으로 전환한다는 이야기. 피로라는 것은 이런 조건화에 반응적으로 살아가는 삶에 대한 일종의 저항이다. 그 과업이 육체를 소진하는 것이라기보다는, 그것을 해야 한다는 강박에 대한 육체의 저항이라는 것.

피로의 진정한 의미를 파악하기 위해서는, 심리학과 사회학의 해석을 넘어서, 우울 상태의 일반적인 구조 속에 위치 지울 필요가 있다. 불면증, 편투동, 만성두통, 병적인 비관이나 식욕부진, 무력증 내지 강박관념적인 활동과다증 등의 증후는 형식적으로는 서로 다르거나 대립하고 있지만 실제로는 서로 교환되고 서로 대체되고 있다.

― 보드리야르

보드리야르는 정년퇴직을 한 이들이 겪는 우울증을 그 적극성에 대한 강박에게 기인하는 것으로 보고 있다. 무엇인가를 하고 있어야 한다는 강박이, 병리학적으로는 잘 설명되지 않는 증상으로 나타나며, 때론 비극적인 결과로 이어지기도 한다고…. 보드리야르가 아울러 지적하는 문제는 우리에게는 휴식의 방식도 강박의 연장이라는 점이다. 아무것도 하지 않을 권리라기보단 무엇을 하기 위한 재충전의 의미를 지닌 휴식의 성격, 보드리야르는 차라리 유년의 시절처럼 맹목적으로 노는 시간도 필요하다고 권고한다.

26. 서점가의 심리학

자동차를 만드는 일보다 파는 일이 더 어렵게 되었을 때야 비로소 인간 자체가 인간에게 과학의 대상이 되었다.

— 보드리야르

소비사회에서는 인간에 대한 연구조차 시장의 목적론에 봉사한다는 보드리야르의 지적. 상담의 수요만큼이나 상담을 공급하고자 하는 이들도 부쩍 늘어난 요즘엔, 이젠 그도 하나의 마켓이며 서로 마케팅 경쟁을 벌이는 세태이다. 서점가의 동향만 보더라도 그렇지 않나? 그것들은 실상 대중들을 위해 존재한다기보단, 대중들에 '의해' 존재한다.

또한 매대의 목적론에 충실한다는 점에서, 적지 않은 저자들이 심리일반에 관한 연구 주체라기보단, 되레 실험군으로서의 표집인 셈이다.

27. 자본 사회의 일률화

같은 것에 의존하여 사는 자는 같은 것으로 인해 죽
는다.

― 보드리야르

뭔가를 덧붙여 쓰고 싶은데, 현대사회의 역설에 대해서
는 내 졸저들에서도 이미 많이 언급한 사례라, 다른 뭔가가
딱히 떠오르지 않는 보드리야르의 어록. 보드리야르의 주
제가 대개 그렇듯, 이도 자본사회가 주입하는 환상에 대한
지적이다. 뭔가 된다 싶으면, 우르르 몰려들어 파이를 나
누고 경쟁률을 높이는, 쏠림의 현상이 유독 심한 우리나라
의 풍경이 늘상 이 문장으로 회귀하지 않나?

참으로 이상한 건, 이런 게 추세다 싶어서 달려든다고 해서 나까지 그 세를 타는 건 아니라는 사실. 같은 아이템으로도 내가 승부를 보는 경우에는 항상 그 확률을 비껴가는 머피의 법칙. 이래저래 비껴갈 것 같으면야, 차라리 스스로 변별될 수 있는 콘텐츠로 밀어붙이는 게 '격'이라도 잃지 않는 경우가 아닐까?

28. 사랑의 페티시즘

사랑은 사랑하는 존재를 그것의 모든 술어들과 더불어 원하고, 그 존재가 그렇게 존재하는 한에서 '~대로'를 욕망한다. 그것이 바로 사랑의 특수한 페티시즘이다.

— 아감벤

흔히 알고 있듯 '페티쉬'가 욕망의 대상 너머의 그 대리물에 집착하는 증상이듯, 사랑에 빠지면 그 사람뿐만이 아니라 그 사람으로 대변되는 모든 것을 사랑하게 된다는 이야기. 또한 우리가 애착을 지닌 사물에게 어떤 요구를 투영하지 않듯, 그 사람을 있는 그대로 사랑하게 되는 것이란 말을 이토록 어렵게 해대는 철학 특유의 '쪼'. 그러나 누군가에겐 저 '쪼'가 철학의 주제와 더불어 원하는 철학적 술어이며, 저런 문장이 유려함의 욕망이기도 하다. 철학은 이렇게 적정의 난이도를 유지한다.

그러나 때로 내가 그 사람을 사랑하게 된 계기가 되레 질투의 원인으로 돌아서기도 한다. 그 사람의 외향적인 성격 때문에 내성적인 나와도 인연이 닿을 수 있었던 것인데, 사랑하게 된 이후에는 그 활달함을 다른 사람과 공유하고 있는 것 같은 상황이 싫기도 하지 않던가. 그 모습이 아니었던들 사랑하지 않았을 텐데, 사랑한 이후에는 그 모습을 거두려는 노력. 생각해 보면 우리네 사랑만큼이나 부조리한 감정도 없다는….

'부조리'를 자신의 키워드로 점하고 있는 카뮈의 철학과 문학은, 삶과 사랑과 사람의 문제에 있어서 그런 부조리를 당연한 전제로 받아들여야 한다는 전제이다. 그것이 싫어서 어느 한쪽의 완력으로 끌어오고자 하는 집착으로부터 비극이 시작된다.

29. 사랑이라는 사건

사랑이라는 사건과 삶의 일상적인 규칙들 사이에는
어떤 공통된 척도도 존재하지 않는다. ... 철학은, '우
리는 사건에 대해 생각해야 한다'라고 말할 것이다.
우리는 예외를 사유해야 한다. 일상적이지 않은 것
에 대해 무엇을 말해야 할지 알아야 한다. 삶의 변형
에 대해 생각해 보아야 한다.

― 바디우

어록을 이해하려면, 먼저 바디우 철학의 대강을 살펴볼
필요가 있다. 그의 페이지를 넘기다 보면 특수성, 보편성,
단독성이란 개념이 등장한다. 이를테면 인류라는 일반성으

로부터 프랑스인과 미국인, 중국인과 한국인이라는 차이로 갈라져 나온 특수성을 지니게 된다. 미국인은 미국인대로, 한국인은 한국인대로, 아랍인은 아랍인대로 저 나름의 역사로 자신의 지금을 규정하는 보편의 규칙을 지니고 있기 마련이다. 그러나 시리아 난민 아이의 안타까운 사고 앞에서는 국지적 특수성을 초월하는 '측은지심'이 발동한다. 이런 경우를 단독적 보편성이라고 일컫고 있는 것이다.

바디우는 비근한 사례로 사랑을 들고 있다. 로미오와 줄리엣은 가문이 지닌 나름의 특수성을 가로지르는 저 자신들의 단독성으로 사랑이라는 보편성을 추구한 것이지 않던가. 그러나 이런 단독적 보편성은 자신이 견지하는 체계 밖에 일어나는 '사건'을 통해서만 가능하다. 로미오와 줄리엣이 각자의 가문이 견지하는 특수성 안에서는 이어질 수 없는 사건이었듯 말이다. 사랑은 그렇듯 교통사고처럼 갑작스럽게, 그리고 예상치 못한 방향에서, 나의 신념 체계에 균열을 일으키는 사건과 더불어 다가온다는 것. 하여 각자가 지닌 이상형과는 거리가 먼 서로에게 끌리기도 하는, 사랑 그놈.

진리도 그런 우발성에 실려 다가온다. 지금까지 내가 고집하고 있던 것이 결코 진리가 아니었음을 일깨워 주는 사건을 통해서…. 이를테면 스크루지 영감이 꿈에서 맞닥뜨린 각성의 순간 같은 것이다. 바디우는 인간이 이때부터 주체적이어진다고 말한다. 자신이 기대고 있던 견고한 구조의 관성으로부터 자유로워진 상황에서 이제까지 없었던 새로운 시간이 구체화된다는 것. 그런 변화는 우리의 일상성에 소외되어 있던 예외의 경우를 사유하게 한다. 로미오와 줄리엣이 각자의 가문에서 예외의 주체가 된 것처럼….

30. 사랑 예찬

엄밀하게 말하자면 사랑은 가능성이 아니라, 오히려 불가능해 보일 수 있는 어떤 것을 극복하는 것이다.

— 바디우

"너는 이길 수 있을 때만 싸우나?"

영화 〈안시성〉에서의 양만춘 대사. 감독의 의도가 있었는지야 알 수 없지만, 고전에서 저 대사의 모티브를 찾는다면 제갈량의 〈출사표〉이다. 승산이 있어서 싸우는 것이 아니라, 싸워야 하기 때문에 싸우는 것이라는…. 같은 맥락에서 너에게 묻는다면, 너는 가능할 것 같을 때만 시도하나? 가능할 것 같은 일에만 도전하나? 같은 맥락으로 바디우의 어록을 해석하자면, 다음과 같은 질문으로 대신할 수 있지 않을까? 너는 가능할 것 같은 사랑만 하나?

31. 철학적 패스트푸드

오늘날의 서점을 보면 불행하게도 예전의 세 배 정
도나 많은 책들이 지혜나 계몽, 뉴에이지에 대해 말
하고 있지만, 철학에 대해 논의하는 책은 그만큼 줄
어든 상황이다. … 만약 여기서 한 철학자가 철학적
패스트푸드와 같은 대답, 다시 말해 심오한 설명으
로 행세하지만 실제로 사유 자체를 필요 없게 만드
는 대체물에 불과한 그런 대답을 제공한다면, 이는
그가 행할 수 있는 최악의 행동이 될 것이다.

— 지젝

서점가의 지식은 간결하고도 체계적인 삶의 해법을 제

시하고, 대중들 또한 그 간결하고도 체계적인 논리를 소비한다. 두 합이 맞아 돌아가는 지점에는 삶의 기술이 아닌 시장의 기술이 있다는 것. 삶이 지닌 이런저런 함수를 고려하지 않고서 일반화된 지식들은, '철학'이란 이름으로 저 자신의 신뢰도와 타당도를 고양한다. 삶의 곡절에 관한 이야기가 있어야 할 자리에 수요와 공급 곡선이 대신하고 있는, 이 또한 실상을 덮어 가린 환상의 담론이다.

소비사회에서는 시간의 가치를 잃어 간다. 개개인이 지니고 살아가는 삶의 보편성, 바디우의 표현을 빌리자면 '단독적 보편성'의 요소들이 없는 것은 아니겠지만, 또한 바디우의 말마따나 '나'를 둘러싼 채 주체를 규정하는 조건은 저마다 다른 법이다. 그러나 스스로 겪어 내야 할 삶의 문제를 홀로 고민해 보는 일에 점점 서툴러지고 있는 시대에는, 권위를 지닌 혹은 브랜드를 지닌 즉각적인 지혜의 말씀이 도래하기만을 바랄 뿐이다.

처음 가본 파리에서 길을 잃었다면, 그 주변을 계속 헤매다 보면 자연스레 길은 찾아질 것이다. 그러나 그 헤매는 시간이 아까워 바른길과 지름길을 알려 준다는 정보들을 집어 든다. 헤매고 있던 곳의 풍광 역시 파리이며, 도리어 정보의 맹신자들이 가보지 못한 파리를 걷고 있었던 것

인데…. 인생의 풍광도 그러하지 않겠는가. 오류의 방향으로 둘러갈망정 그 또한 지금의 나를 결정(結晶)하는 시간이다. 지금껏 그랬고, 앞으로도 그럴 것이고…. 누군가의 삶을 향해 해법이란 명분으로 쏟아지는 이런저런 조언들 역시 그저 하나의 풍광에 지나지 않다.

32. 글로벌 소비자

소비자에게 조국은 없다.

－ 가라타니 고진

마르크스의 '프롤레타리아에게 조국은 없다'를 패러디한 것으로, 글로벌 시대에 관한 풍자이다. 냉전의 체제가 무너진 사건도 오래전의 일이건만, 이젠 다소 애매한 지점이 되어 버린 북한을 중국과 러시아가 여전히 우방으로 품듯, 그 시절 사회주의 국가들의 연대에는 '프롤레타리아'라는 사상적 명분이 있었다. 각국의 해석이 마르크스 철학에 대한 자의적 왜곡일망정…. 그런데 이는 자본주의 진영도 마찬가지였다. 글로벌 시장경제를 가속화한 '신자유주의' 역

시 애덤 스미스의 '보이지 않는 손'에 대한 왜곡이다. 그것이 순수하게 시장에 맡긴 경우이기나 했는가를 따져 보자면, 되레 강대국 정부의 강력한 정책이었다는 거.

코카콜라의 글로벌 전략 이면에는 내수의 문제가 엮여 있었다. 펩시가 젊음의 이미지를 내세워 코크의 아성을 무너뜨리고 있던 차, 코카콜라는 외국시장으로 판로 개척을 시도했고, 그 과정에서 차용한 이미지가 산타클로스란다. 별 다르지 않은 맥락에서, 글로벌 경제의 명분 이면에는 강대국의 헤게모니가 자리하고 있다. 하여 '제국주의'에 빗대어 표현하는 것이기도 하고…. 그런데 글로벌의 역습이 강대국들을 당황케 하는 사건들이 일어나자, 이젠 되레 보호주의로 돌아서는 역설. 마르크스가 지적했던 구조적 모순을 신자유주의가 증명한 것이기도 하다는….

그 폐해가 어떻든 간에 이미 다시 물릴 수도 없는 글로벌 시대이다. 소비자들이 애국심으로 삼성 갤럭시와 현대 소나타를 구매하는 시절도 아니거니와, 글로벌 시장만큼이나 내국인에 대한 서비스도 신경을 쓰고 있는가의 문제부터 짚어 보아야 할 기업들의 경영 윤리가 아닐까? 동네의 큰 슈퍼에만 가도 진열되어 있는 외국과자들의 내실을 경험하고 나면, 한국과자 사 먹고 싶은 마음이 사라지기도 하

니 말이다. 이제 '외제'라서 선호하는 것이 아니라, 합리적
소비의 관점에서 고민하는 시절. 국내 기업이 국민을 배려
하지 않는다면, 외국 기업의 서비스 만족도가 좋다면, 맥북
을 쓸 수도 있고 미니 쿠퍼를 구매할 수도 있는 일이지. 나
도 언젠가부터는 구글에서만 이미지를 검색한다.

33. 레트로와 향수병

다시 말해서 우리가 보통 '돌아가고 싶어 하는' 시기, 즉 향수를 불러일으키고 꿈에 그리는 시기는 ... '진정으로 예전 그대로'의 과거는 아니다.

— 바우만

《레트로토피아》서문에 적혀 있는 구절. 프루스트가 시간을 이겨 내는 힘으로서의 기억을 말하고 있다면, 바우만은 시간에 굴복한 퇴행으로서의 향수를 분석한 이론들을 소개하고 있다.

현재를 살아가는 자신에 대한 해명을 과거에서 찾곤 하는 증상, 지금보다는 덜 노회하고 덜 비겁했던 듯한 시절에서 자신의 이상을 되찾으려는 노력. 그것이 실제로 그 시절에 일어났던 일에 관한 기억이든 왜곡이든, 이상을 되찾으려는 실질적인 노력이 아닌 단순히 자기애적 판타지와의 교감이든, 어찌 됐건 과거로의 회귀 성향은 현재의 결핍을 고백하는 일이다. 프루스트의《잃어버린 시간을 찾아서》는 그 과거로부터 '되찾은 시간'을 통해 현재에 대한 대답을 모색하는 작업이다.

반면 바우만은 도피처로서 왜곡된 향수를 지적한다. 어느 시대이든 간에 '현재'는 불확실성을 안고 있는 시점이다. 불안도가 점점 커져 가는 시대에는 더더욱, 이미 완료된 상태의 과거로, 지금의 문제점이 발생하지 않았던 시절로 돌아선다는 것. 이를테면 박정희 시절에는 그래도 경제는 성장했다며, 오늘의 전제를 감안하지 않고 어제의 해법에 매달리는 일부 극우단체의 주장이 그런 '향수병'의 증상이기도 하다.

우리가 과거를 일어난 그대로 기억하는 것도 아니지만, 바우만의 표현을 빌리자면 '선별된 기억과 선별된 망각이 뒤얽힌 과정'이다. 과거의 콘텐츠를 소환하는 방식은 대개 명작을 통해서이다. 요즘의 청춘들이 탑골 시리즈로 과거를 소비하는 방식도 그러하지 않던가. 그 시대에 있었던 모든 것들이 재조명되는 것은 아니다. 내가 기억하지 못하는 시절에, 한 세대를 먼저 청춘으로 살았던 이들의 콘텐츠들이 다 명작인 것만 같은 이유이기도 할 게다. 그 세대에게도 기억될 만한 가치였던 것들이 다음 세대에게 다시 부름을 받다 보니….

　물론 양가적인 문제이고, 개인적으로는 바우만의 사회학보단 프루스트의 문학을 더 좋아하는 편이라…. 게다가 출판계에 발을 걸고 있는 입장에선 프루스트적 성격으로, 그러니까 시간의 마모를 견뎌 낸 기억의 힘으로서, 고전의 가치를 해명해야 할 판이다. 그런 점에서 먼 훗날까지 기억될 만한 콘텐츠를 만들어 내고 있는가에 대한 자기반성. 어차피 이도 저도 불확실한 마당에 그런 확실성의 요소 정도는 안고 가는 게, 차라리 '언제나 불경기'인 이 시장에서의 해법이 아닐까 싶기도 하고….

II. 이제부터의 인생방정식

34. 악처와 말

말을 훈련시키는 사람은 거친 말을 다룰 줄 알아야
한다.

　　　　　　　　　　　　　　　　　　　－ 소크라테스

　결국엔 플라톤에 의해 전해진 것이겠지만, 소크라테스
가 말했다는, 철학사에서 악처로 명성이 자자한 크산티페
와 결혼한 이유이다. 요즘 같은 시절에야 여성을 말에 비
유한 일 자체가 비판을 받을 수 있는 대목이긴 하겠지만서
도, 과연 소크라테스가 악처를 다룰 줄 알았던 경우이긴 한
걸까?

　비유 자체만을 취해 다른 비유로 잇대자면, 어렵게 공부

해 볼 필요가 있는 이유이다. 같은 것을 해도, 프로선수가 된 이의 신체에 쌓인 훈련 강도와 경기 수준이 동호인과는 같지 않을 터. '아는 자는 좋아하는 자만 못하고, 좋아하는 자는 즐기는 자만 못하다'는 《논어》의 구절도, 공자의 프로페셔널과 더불어 좋아하고 즐기는 수준을 감안할 일이다. 그 '즐김'이란 게 일상의 지루함을 달랠 정도로만 전념하는 것이겠냐 말이다.

유튜브가 대세라고 다들 거기로 몰려가지만, 영화 소개 분야에서 두각을 나타내는 경우들은 대부분 영화평론가와 영화감독을 꿈꾸던 이들의 대안이란다. 원래부터 유튜브 자체가 인생의 목적이었던 게 아니라…. 서사의 배치와 표현의 수사에 관한 적지 않은 트레이닝을 거친 이들이기에 그 내레이션이 그토록 매끄러운 것. 어벤져스의 세계관을 정리해 놓은 유튜버 영상 봤나? 나는 《일리아드》와 《오디세이아》의 연대기를 듣고 있는 줄 알았다. 관심 분야가 달라서 그렇지, 그런 친구들이 철학에 흥미가 있어 집요하게 파고들었다면 아마 철학사를 정리했을 것이다.

남들이 해낸 것들이라 쉬워 보일 뿐이지, 실상 세상에 쉬운 일이 어디 있겠나? SNS 팔로우 수를 늘리는 것도 막상 직접 해보면 그토록 힘든 일이지 않던가. 고작 그 정도의 수고로 뭘 기대했다면, 그도 저 자신에 대한 과신이며 세상을 향한 오만이지 않을까? 더군다나 수월하고 무난한 것만을 좋아하고, 딱 거기까지만 즐길 수 있는 성향이라면, 그가 지어 올릴 수 있는 콘텐츠의 수준이란 것도 딱 거기까지가 아니겠나?

35. 우연을 사랑하라

    우연을 사랑하는 니체의 계보들은 대개가 디오게네스의 계보이기도 하다. 대왕 알렉산드로스와의 일화로 유명한 이 자유분방한 철학자는, 플라톤의 이데아에 항상 딴지를 걸기도 했다. 그런데 그 역시 소크라테스의 계보이다. 소크라테스의 철학이 플라톤의 신념으로 왜곡되었다는 의견은 일정 부분 디오게네스에게 기대고 있기도 할 게다. 대왕조차 부러워했던 철학자의 삶, 그가 사는 방식은 매 순간의 우연을 기꺼이 사랑하는 것이었다.

  적어도 나는 모든 우연에 준비가 되어 있다.

— 디오게네스

물론 자기 삶을 지탱하는 신념 정도는 지니고 있어야 한다. 그러나 삶이란 게 우리의 신념에 준하는 개연성과 정합성으로 잇대어지는 것도 아니요, 그 우연에 대처할 수 있는 일관된 삶의 해법이란 것도 존재하지 않는다. 하여 우연과의 대화 속에서 신념과의 조율을 모색하는 순간순간들이 자신의 인문적 지평을 증명하는 삶의 장면이기도 하다.

니체는 삶의 순간순간에 주사위를 던진다. 고집스러운 신념에만 취해 현상을 해석하는 것보다는 이 방법이 더 안전하다. 때로 그 신념이란 관성이며 타성이다. 때문에 신념의 효과가 결코 신념에 준하는 결과로 다가오지 않는다. 주사위의 어떤 숫자가 나오는 것이 중요한 게 아니다. 나오는 어떤 숫자도 중요한 것이다. 모든 숫자가 삶으로 이어지는 결정적 순간이기에, 우연의 숫자들로 잇대는 맥락에 대해서 항상 신중을 기할 수밖에 없다. 물론 니체가 정말로 주사위를 던지라는 말을 하고 있는 것이겠는가. 그만큼 삶이 건네는 우연에 충실하라는 은유의 메시지이다.

우리의 신념 체계 밖에서 도래하는 우연은 그 자체로 불안의 속성이다. 그러나 차라리 그 불안으로 인해 관성과 타성으로부터 벗어나 현상 자체에 충실해지는 것이기도 하다. 또한 관성과 타성으로는 도저히 어찌해 볼 수 없는 우연이기에, 이전까지 시도해 보지 않았던 새로운 방법론을 모색해야 한다. 그 결과 나의 체계를 넘어선 전혀 다른 미래가 열린다. 이것이 니체의 계보들이 강변하는 우연과 불안의 기능이기도 하다.

36. 미래에 대한 준비도

과거는 망각의 손에 맡기고, 미래는 신의 손에 맡기면 된다. 우리의 손에 맡겨진 것은 현재뿐이다.

— 세네카

우리에게 맡겨진 현재에 무엇을 해야 하는가에 대한 대답은, 스토아학파 계보답게 '자기수양'이다. 그런데 그 수양이란 것이 다소 미래지향적인 성격이기도 하다. 그의 'instructio' 개념으로 대변할 수 있지 않을까 싶다. 이는 우연에 대한 준비도 개념으로 번역된다. 격투기 선수들이 기본기를 착실히 다지는 이유는, 그 모션들이 모든 우연적 상황을 예비하는 경우의 수이어서가 아니다. 그 기본기가 일

단 몸에 익은 상태에서, 이런저런 상황적 변수에 대처하기 위함이다. 그런 '준비' 개념으로서의 수련을 반복하듯, 마찬가지로 정신의 수양도 지혜로운 삶을 위해서 필요하다는 것.

어록 자체만 놓고 보면 요즘 서점가의 화두와 부합하는 주제인지도 모르겠다. 그러나 '카르페디엠(carpe diem)'만큼이나 자기 유리한 대로 해석되어지는 문장이 또 있을까? 미래에 저당 잡히는 현재도 문제이겠지만, 미래를 방치하면서 즐기는 현재 또한 문제이긴 매한가지. 어쩌면 아무것도 잉태하지 못하고 그저 순간으로 소비되는, 저당 잡힐 것조차 없는 지금에 대한 변명인지도 모르고….

37. 말과 명예

가장 고상한 사람들도 명예욕에 지배당한다. 특히
철학자들까지도 명예를 경멸해야 한다는 데 대해 쓴
책에 자신의 이름을 써넣는다.

— 키케로

키케로 그 자신의 삶과는 무관하게 '키케로주의'라는 부
정적 현상을 초래한 원인 역시 '명예'이다. 웅변의 능력이
곧 명예였던 시절에는, 자신의 앎을 삶으로는 잇지 못하는,
화려한 수사의 소유자들끼리 명예를 다투곤 했다.

지금이라고 뭐가 다를까? 앎과 삶에 괴리 속에서 말의
사용가치보단 교환가치를 따지고 있는, 자신의 말이 상품

이 되길 바라는 욕망들로 넘쳐나는 시대. 물론 이 기획도
그런 욕망에서 비껴 서 있지는 않고….

38. 정신적 쾌락

우리 각자가 원인 모를 우울증과 욕망의 충동을 해
석하도록 돕고, 또 그렇게 함으로써 행복을 추구하는
데 있어서 그릇된 계획을 세우지 않도록 돌보는 것.

              – 에피쿠로스

에피쿠로스가 말하는 철학의 임무이다. 철학은 우리의
욕망을 합리적으로 조절하고, 마음의 병을 치유한다는 이
야기. 정신적 쾌락을 추구했던 이들의 주장에 따르면, 우
리는 '무엇이 나를 행복하게 만드는가?'의 질문에 직관적으
로 대답하는 데 서툴다. 우리가 물질적 환상과 육체적 욕
망에 탐닉하는 이유는, 필요한 것은 따로 있는데 그것이 무

엇인지 정확하게 이해하지 못할 때, 그럴 듯한 해결책으로 여겨지기 때문이라고….

현대철학의 키워드로 치환하자면, 라캉의 상징계 담론에 비껴가지 않는 범주이다. 라캉을 공부하는 입장에서 그 폐해를 지적해 보자면, 욕망에 관한 모든 것을 설명해 놓고 있기에 다른 철학자들의 어록이 끼어들 자리가 없다는 사실이다. 플라톤도, 에피쿠로스도, 파스칼도 별 다르지 않은 이야기를 하고 있지만, 과학적이고 문화인류학적인 방법론으로서의 정신분석을 딛고 있는 라캉이기에, 여간하면 라캉을 들어 쓰게 된다. 때문에 사유의 스펙트럼이 넓어진 것이지 도리어 좁아진 것인지가 애매할 지경이라는….

반면 에피쿠로스학파 같은 경우는, 니체 식으로 비판하자면, 사뭇 듣기 좋은 소리만 늘어놓고 있다. 그것이 과연 철학이냐 수사학이냐의 문제를 따져 물어야 할, 인간들이 살아가는 삶의 구체적인 곡절을 겪어 보지 못한 얼치기 멘토들이 모든 게 마음에서 비롯되었네 어쨌네 떠들고 있는 격. 적어도 니체 이후의 철학들은 그것이 왜 마음에서 비롯되는가에 대한 질문까지를 던지고 있는 것이다. 대표적인 분야가 정신분석의 계보이고….

실제로 니체는 에피쿠로스 계보들의 이런 행복론을 거부한다. 그들은 낙천을 유지하기 위해 현실을 도피하는 것뿐이고, 실상 현실을 괴로워하면서, 실감하지도 못하는 행복의 이데아를 신앙처럼 받들고 살아간다는 니체의 지적. 개인적으로 니체를 좋아하는 성향이다 보니, 에피쿠로스 철학은 별로 와 닿지 않는다. 그것이 정말 가지고 있는 것으로의 자족인지, 당장에 가능한 것에 기대는 체념으로 돌아선 욕망인지부터 다시 반성해 볼 필요도 있지 않을까?

　아렌트의《인간의 조건》에 적혀 있는 구절들로 부연하자면, 저 시대에는 아직 노예 제도가 상식이었고, 노동의 피로에서는 어느 정도 자유로웠던 교양 시민들이 추구한 정신적 쾌락이었기에, 피로사회를 살아가는 오늘날의 조건에 그대로 적용하는 것도 오역된 철학이다.

39. 에픽테토스 – Let it be!

일이 그대가 원하는 대로 되기를 원하지 마라. 일들
이 되어 가는 대로 되기를 원하라!

　　　　　　　　　　　　　　　　　– 에픽테토스

　그리스 철학의 계보에서는 이성이 인간의 본능이다. 그
이성으로 평정심을 유지하는 것, 금욕과 쾌락이란 서로 다
른 키워드를 지닌 스토아와 에피쿠로스의 크게 다르지 않
은 지향처이기도 했다.

　성리학에서 이(理) 개념은 섭리라는 의미이다. 인간도 자
연의 한 표현인 터, 그 이법(理法)이 인간의 마음으로 들어
앉은 것이 성(性) 개념이다. 서구 전통에서도 이성이란 곧

우주의 섭리가 심화(心化)된 개념이다. 따라서 이성에 따르는 삶이, 동양의 언어로 환언하자면 무위자연의 태도이기도 했던 것이다

에픽테토스의 저 어록이 되는 대로 살라는 의미이기야 하겠는가. 인간은 욕망 때문에 일을 그르치고, 그 결과로 되레 원하는 대로 살지도 못하는 것이니, 순리에 따라 행하라는 이야기. 그것을 계속 욕망하기 위해서라도 절제가 필요하다는 역설, 너무 욕심을 부려 본질로부터 비껴 서는 순간들로 인해 더 이상을 욕심을 부릴 수 없게 되기도 하지 않던가.

그러나 또 살다 보면 그 순리라는 게 참 애매하기 그지없는 말이기도 하다. 도대체 어떻게 사는 것이 순리대로 사는 것일까? 이 'Let it be'적 믿음이 되레 체념의 자기변명은 아닐까 싶어서, 뭐라도 해야겠기에 뭐라도 한 것이 결국 긁어 부스럼인 경우도 있고….

순리대로 산다는 것, 솔직하니 이제는 잘 모르겠다. 산다고 살았는데 이 꼴이고, 한다고 했는데 이 지경인 삶이기도 한 터라…. 그저 매 순간에 최선을 다하는 것, 그 결과가 실수이고 실패일망정 그것이 되레 기적의 순간으로 이어지는 순리라고 믿고 사는 것. 저 에피테토스 어록의 진화

인 듯한, '일어난 모든 일을 원하라!'던 니체의 명제를 순리로 믿고 사는 것. 내게서 니체가 다른 철학에 승리하는 이유이기도 하다.

40. 인식과 존재로서의 시간

　우리가 다녔던 초등학교 운동장은 언제부터 그렇게 작아져 있던 것일까? 아직 그곳에 남아 있는 모든 것들이 과거의 모습 그대로일 테고, 그것들을 받아들이는 우리의 감각이 변한 결과라는 사실을 모르지 않는다. 같은 맥락에서 묻는다면, 우리가 기억하는 과거는 정말 과거 그대로의 모습일까? 아니면 그것을 회상하고 있는 지금의 시점이 투영된 그 또한 현재의 성격일까? 우리가 '왕년'으로 말하는 과거 역시, 지극히 현재를 반영하는 증상이다. 내 지금이 도통 해명되지 않기에, 부단히도 미화된 과거로 도피하는 증상이다.

과거란 현재의 기억이요, 현재란 현재의 직관이며, 미래란 현재의 기대이다.

― 아우구스티누스

시간에 관한 아우구스티누스의 정의, 즉 모든 시간은 현재의 가치가 반영된 결과이다. 베르그송의 지적은 그 모두가 현재의 입장일 뿐, 순수 과거에 대한 정의는 아니라는 것. 우리 기억 속의 초등학교 운동장이 실제 과거 속의 그 초등학교 운동장은 아니듯, 인식으로서의 과거와 존재로서의 과거에는 차이가 있다.

어찌 됐건, 초등학교 정문에 들어서자마자 풍경들이 건네는 감흥은, 엄밀히 말해 과거에 닿고 있는 것이 아니다. 다분히 나의 지금이 반영되어 있는 그 또한 현재이다. 우리가 자꾸 뒤를 돌아보는 이유는, '지금 여기'를 스쳐 가는 시간의 의미가 잘 해명되지 않기 때문이다. 하여 아득하고 선명하지 않아 되레 더 무한하고 애틋하게 느껴지는 기억 속에서 그 해법을 찾으려 하는 것이다. 이 주제를 다루고 있는 대표적인 문학이 프루스트의 《잃어버린 시간을 찾아서》이다.

우리가 회상하는 과거란, 과거의 지점에서 실제로 일어

났던 사실이 아니라, 지금의 지점을 기준한 해석이다. 청춘의 자리를 지나온 후에야 그 청춘을 뒤돌아보며 무한의 의미를 부여하는 경우 역시, 멀어져 간 청춘에 대한 '지금 여기'에서의 그리움이지 않던가. 막상 주어졌을 때는 그것이 청춘인지도 모르고 지나왔거늘, 멀어진 후에야 비로소 그 자리가 청춘이었음을 깨닫는 역설. 하여 이렇게 표현할 수도 있지 않을까? 청춘은 늦게 도래한다. 더 이상 그것을 향유할 수 없을 시기에…. 그렇듯 때로 과거는 미래에서 발견이 된다.

41. 배움에 관하여

현명한 사람이 어리석은 사람에게서 배우는 것이 어리석은 사람이 현명한 사람에게 배우는 것보다 많다.
– 몽테뉴

실상 어리석은 사람은 자신이 무엇을 모르고 있는지조차도 모르기 때문에 배우려 들지 않는다. 스스로에 대한 기대와 믿음은 또 지나치게 충만해서 더더욱 배우려 들지 않는 순환과 반복. 빈익빈 부익부는 자본에만 한정되는 현상은 아니다. 지식과 지혜, 인격 모두가 그 대상이다.

42. 경험과 정신의 습관

우리가 아직 경험하지 못한 사건들은, 우리가 이제
까지 경험한 사건들과 유사할 것이다.

― 흄

경험론 쪽에서는 그 표상인 베이컨보다도 실상 더 많이
언급되는 철학자이면서도, 그 경험의 폐해를 지적하는 회
의론자이기도 하다. 흄에 따르면, 인과율이라는 것은 객관
적인 법칙이 아닌 인간의 심리적 법칙이다. 그 심리적 원인
이란 게 경험에 기초한 정신의 습관에 지나지 않는다는 것.

그래서 꼰대들이 자신이 겪은 일들로 자신이 겪지 못한
일들에까지 그토록 오지랖을 떨어 대는 것이다. 자기 안에

서는 충분히 충족이유율이라서, 자신이 잘 알지 못하는 영역에도 뜬금없고 느닷없고 맥락 없는 연륜을 들먹이며⋯. 다음 세대가 처한 시대적 조건이 다르고, 그 자신이 이미 젊었을 적의 감각이 아니라는 사실은, 언제나 자기만족의 인과율을 겯든다. 경험이란 명분에 의존하는 나이 든 꼰대만 그러한가? 경험조차 없는 젊은 꼰대들은 열정의 명분 뒤로 숨은 자기만족의 인과율만을 고집한다. 자신의 아이디어는 다 블루오션 같고, 자기 생각대로 하면 뭐든 될 것 같다.

우리는 모두 조금씩은 이런 자기애적 착각을 지니고 살아간다. 하여 어제와 별반 다르지 않은 내일을 오늘마다 반복하는 것이기도 하다. 그 심리적 관성이 결코 인과율이 아니라는 사실을 인정하지 않는 한, 내일 겪을 일들은 어제 겪었던 일들과 별 다르지 않을 것이다. 흄의 표현을 빌리자면, 관념의 지속성을 대상의 지속성으로 착각하는 오류. 그러니 스스로의 생활 체계와 체질을 개선하지 않는 한 내일을 궁금해할 필요도 없다. 어차피 내일도 오늘처럼 이러고 있을 터이니⋯.

자기 지평에 대한 신념을 전제하기 때문에, 자신의 전문성이 공증이 되었는가 그렇지 않은가는 별 상관없다. 전문성보다는 만족감이 더 중요한 문제이다. 더군다나 사람들은 대개 그 만족감을 전문성이라고 믿기도 한다. 적어도 스스로를 믿는 덕목과 자신을 신뢰도로 여기는 패착 사이에서 반성의 거리를 확보하는 정도의 노력은 있어야 하지 않겠나? 리스크를 인정하지 않고 확신에만 차 있는 사람들은 일단 경계하고 볼 것. 목적한 바가 있는 사기꾼이거나, 그저 자기 세계에 갇혀 사는 공상가일 가능성을 배제하지 말 것.

자신이 딛고 있는 전제 자체부터 의심해 볼 필요가 있다. 이전에도 이런 주장을 펼친 철학자가 없었겠냐만, 이 심리적 관성을 자신의 저서에 수학적으로 증명해 보인 철학자가 스피노자이다.《에티카》1부 공리 4, 결과에 대한 인식은 원인에 대한 인식에 의존하고 원인에 대한 인식을 함축한다. 스피노자의 철학을 대변하는 이 명제가 흄에게로 이어지고, 칸트에게 지대한 영향을 미친 철학자가 바로 흄이기도 하다. 칸트의 비판 철학이 경계했던 바, '질서는 대상에 내재한 것이 아니라 우리가 부여한 것'이다.

43. 무엇이든 욕망하라

신은 우리가 할 수 없는 것이나 욕망하지 않는 것을
제외하고는 아무것도 금지하지 않는다.

— 스피노자

스피노자의 철학은 신의 절대성과 인간의 주체성을 동시
에 끌어안는 전복의 신학이다. 훗날 들뢰즈에게서 '철학자
들의 그리스도'로 추존된 지위, 즉 철학의 신약은 스피노자
로부터이다. 그의 신학은 라이프니츠의 운명론과 니체의
운명애의 모티브이기도 하다. 우리는 신이 써내려 가는 소
설 속의 주인공이다. 그런데 그 소설은 우리가 살아가는 방
식대로, 행하는 만큼 쓰여진다. 다시 말해 당신이 스스로

이루어 내는 것까지가 신이 허락하는 운명이다.

걸핏하면 추상과 관념으로 미끄러지는 당대의 철학에 대해서는 다소 부정적이었던 괴테가, 스승으로 삼을 정도로 존경했던 단 한 명의 철학자가 스피노자이기도 하다. 그 영향인지는 몰라도《파우스트》에서는 창세기 구절의 '말씀'을 '행위'로 바꾼 부분이 있다.

'태초에 행위가 있었나니….'

빛이 있으라 함에 빛이 있었던 게 아니라, 빛이 되고자 사력을 다하는 욕망들에게 빛의 운명이 허락되었던 것이다.

언젠가는 반드시 하고 싶은 것들이라면, 이미 시작되고 있어야 그 언젠가도 다가오는 것이 아니겠는가? 학창시절의 꿈을 포기했다가, 늦은 나이에 다시 두 번째 꿈으로 돌아온 입장에서 고백하자면, 대개 그 '언젠가'란 무한히 연기되기만 할 뿐 결코 다가오지 않는, 지금을 변명하며 숨어들기 위해 설정해 놓은 미래에 불과하다. 이젠 남들도 믿지 않을 그런 말들은 거기까지만 하고, 이제 좀 움직이시길….

44. 모든 것이 되어라!

어떤 존재도 자기가 할 수 있는 것에 못 미쳐 있지
않다. 즉 모든 존재는 항상, 그리고 매 순간, 자기가
될 수 있는 모든 것이 된다.

— 스피노자

주석을 읽어 보면《데카르트의 철학 원리》라는 책에 적
혀 있는 구절인가 보다. 나는 아직 그 책을 읽어 보지 않았
다. 내가 이 구절을 알게 된 계기는《스피노자와 동물 우
화》라는 책에서였다. 앞서 언급한 주석이란 것도 이 책의
주석이다. 서양철학을 공부하기 시작한 초창기에, 조금 쉽
게 쓰여진 텍스트인 줄 알고 읽어 봤었는데, 그다지 쉽게

읽지는 못했던 기억. 그래도 이 구절이 인상 깊었는지, 서머리 노트에 책 제목과 함께 적어 놓았던 걸, 옛 기억을 뒤적거리다 발견했다.

《스피노자와 동물 우화》라는 책을 다시 읽어 볼 일이 있었다. 다반출판사 대표님을 처음 만난 자리에서, 대표님이 《미셸 푸코의 휴머니즘》이란 책과 함께 건네신 것. '열린책들'에서 재직한 이력, 당시 작업했던 몇몇 책들을 아직까지 소장하고 있었다. 서양철학에 대한 내공이 예전과 같지는 않으니, 지금 읽어 보면 어떤 느낌일까 싶어서 다시 펼쳐 봤는데, 별 어려움 없이 술술 읽히는 정도이다.

그때 문득 스친 《드래곤볼》의 한 장면, 타임머신을 훔치기 직전의 셀을 '다시' 마주한 트랭크스의 느낌이랄까? 《드래곤볼》의 애독자들은 상세한 부연이 없어도 내가 무슨 이야기를 하는지 다 아실 터, 결코 넘어설 수 없을 것만 같았던 그것과 치열하게 싸우는 동안 나도 이미 꽤나 강해져 있다. 그리고 이미 과거의 자신을 넘어서 있는 현재를 새삼 깨닫게 되는 순간들과 마주하기도 하고….

스피노자의 '코나투스' 개념을 빌리자면, 생명을 지닌 것들은, 생존에 유리한 방식으로, 가능할 수 있는 모든 역량을 동원해, 매 순간을 산다. 당신이 아직 되지 못한 것은 실상 지금의 당신이 할 수 없는 것이기도 하다. 그렇듯 당장에 지닌 역량은 현행적으로 존재를 규정한다. 그렇듯 무엇이 되고 난 이후에 어떤 것이 가능해지는 게 아니다. 가능해지는 범주에 따라 무엇이 되어 가는 것이다. 어떤 영역에서의 성장과 발전이란, 매 순간에 자신이 될 수 있는 모든 것으로 잇대는 역사이기도 하다.

45. 아는 것과 사는 것

들척지근한 형이상학의 철학을 믿지 말라. 책을 넘길 때마다 눈물 흐르는 소리, 고통의 신음 소리, 그리고 서로에 대한 일반적인 살인이라는 끔직한 비명 소리가 들리지 않는 철학은 철학이 아니다.

— 쇼펜하우어

서양철학사에서 쇼펜하우어가 등장하는 지점을 소위 '생철학'이라고 한다. 말 그대로 삶에 관한 철학이라는 의미. 어느 철학이든 삶에 관해 말하지 않았겠냐만, 쇼펜하우어 즈음에서부터 철학의 비중이 '아는 것'보다는 '사는 것'의 문제로 기운다.

당시의 철학은 여전히 객관과 보편의 인식에 관한 문제에 대해 다루는 논법이 주류를 이루고 있었다. 그러나 삶이라는 게 객관과 보편과 논법으로 해명되어지기나 하던가. 쇼펜하우어는 그다지 논리적이지만은 않은 삶을 어떻게 살아갈 것이냐에 대한, 삶이 지닌 비논리 그 자체에 질문을 던진 것이다. 그는 비논리적인 삶의 서사를 충실히 반영하는 문학의 문법을 빌린다. 때문에 그의 철학이 금언의 형식을 띠는 것이기도 하다. 실상 쇼펜하우어 자신은 스스로를 문인으로 생각하기도 했다. 그리고 그 금언의 문체는 고스란히 니체로 이어진다.

그렇다고 어록이 지니는 뉘앙스처럼 형이상학 전반을 비판한 것도 아니고, 그의 철학은 일정 부분 칸트의 관념론을 딛고 있기도 하다. 그가 비판하는 형이상학은 대개, 그 혼자 일방적인 라이벌 의식을 지니고 있었던, 헤겔을 향한 것이다. 서태웅을 향한 강백호의 그것에 비교할 수 있을까? 결코 세간의 평에 휘둘리지 않았던 고집쟁이 철학자의 '겸손은 거둘 뿐'은 현대에 이르러 헤겔과의 관계가 다소 역전이 된다. 오늘날 서점가에서 헤겔의 저서를 집어 드는 이가 얼마나 될까? 쇼펜하우어의 것은, 인생훈만 모은 편집본으로나마 꾸준히 팔려 나가는, 니체와 더불어 스테디셀러인 철학이다.

　요즘의 서점가에서는 그저 그런 정도의 존재감이지만, 철학사에서는 꽤나 의미가 있는 지점이기도 하다. 그에게서 키에르케고르의 실존이 뻗어 나왔다는 사실, 아니 그보다도 그의 책을 읽고 철학의 길로 들어선 니체로 대변되는 부분이 더 많을 것이다. 무의식의 세계를 정신분석보다 앞서 조명하고 있다는 점. 또한 인식론에서 존재론으로 옮겨 가는 하이데거의 선구라고 볼 수도 있다는 점. 어떠한 선지식에도 기대지 않고 예술 작품 그 자체에 대해 말하는 미학은, 포스트 모던에 앞서 있던 해체라는 점 등등. 그런데 후발 주자들이 각 분야의 표상이 되어 버리는 바람에, 간간이 교양철학 텍스트에서는 자신의 페이지를 할애받지 못하는 경우가 있다. 그 역설 속에서 쇼펜하우어의 금언들만이 팔려 나간다.

46. 잃은 것과 얻은 것

사기당한 돈보다 더 잘 쓰인 돈은 없다. 왜냐하면 우리는 그 대가로 즉각 처세의 지혜를 얻기 때문이다.
— 쇼펜하우어

가끔씩 불현듯 떠올라 이불킥을 하게 하는, 예전에 저질렀던 실수. 그런데 또 그런 실수의 기억을 부끄러워할 줄 아는 지금이, 그 실수가 가져다준 성장인지도 모른다. 또한 그 정도의 실수로 그쳤기에 보다 더 불미스러울 수 있었던 미래를 예방한 것이지도 모르고….

흔히들 염세주의 철학자라고 알고 있는 쇼펜하우어이지만, 과연 전공자들에게도 그러할까? 읽다 보면 쇼펜하우

158

어만큼이나 위트 있고 유쾌한 철학도 없다는 거. 물론 삐딱선의 기질이 다분한 것도 사실이지만, 이와 같은 긍정의 격언들도 꽤 많이 적혀 있다.

소를 잃고 나서야 외양간을 고치는 사람도 지혜롭지 못하지만, 소를 잃고도 외양간을 고치지 않는 사람은 도저히 어찌할 수 없는 사람이다. 그런데 대개 이런 사람들이 소를 다시 키울 생각은 또 있다는 거. 반성할 줄 아는 인간도 간혹 실수를 반복할 때가 있다. 반성할 줄 모르는 인간은 가혹하도록 반복한다.

47. 철학의 임무

"우리는 아무것도 아니었지만, 모든 것이 될 것이다."

파리 코뮌의 인터내셔날 가(歌)의 한 줄. 가끔씩은 지나
간 시절의 청춘들이 왜 그토록 '맑스'를 연호했는지 이해가
될 때도 있다. 마르크스주의자들은 말을 참 격정적으로, 그
리고 멋있게 했다.

니체의 '초인'으로부터 들뢰즈의 '노마드'까지, 마르크스
이후 철학에서는 행위의 주제가 주요 카테고리였다. 마르
크스가 역설하는 철학의 임무 역시 세계에 대한 인식과 해
석에 그치는 것이 아닌, 세계를 변화시키는 것이다. 하여
이후 철학들은 일면적으로나마 정치철학의 형태를 띠며,
한층 더 급진적으로 나간 그의 계보들은 선동적인 면이 있

었던 것이다.

'될 것이다'는 '하고 있다'의 결과가 아니겠는가. '될 것이다'는 지금과 다른 모습으로 변하겠다는 의지일 터, 무엇이 되겠다는 의지이거들랑 이미 무언가를 하면서 변해 가고 있는 상태여야 하지 않을까? 지금 고민해야 할 것은 어떤 말이 아니라 어떤 행위다. 말만 늘어놓을 게 아니라, 생각은 이젠 그쯤 하고, 뭐라도 해야 하는 지금이다.

할까 말까의 고민 끝에, 언제고 조금 더 나은 여건을 갖추었을 때 다시 생각하겠다는 결론이라면, 이건 안 하겠다는 소리다. 언제나 결핍을 살아가는 인간에게 그런 조건은 결코 도래하지 않으며, 이런저런 이유에서 양보할 수 있는 욕망이라면 그만큼 절실하지 않다는 의미일지도 모른다. 공자도 두 번만 생각하라고 말하지 않았던가. 할까? 말까? 이후에 다시 할까 말까의 고민을 덧댈 것이 아니라, 어떤 식으로든 행위를 잇대야 한다.

지금 일어날까? 5분만 더 잘까? 그러다가도 한 번의 결단으로 이불을 박차고 칫솔부터 집어 물면, 어떻게든 하루는 시작된다. 일단 저지르고 나면 그거 수습하기 위해서라도 분주해진다. 그렇듯 생각에는 생각이 잇대어지고, 행위에는 행위가 잇대어진다.

할 것을 생각만 하고 있는 것과 일단 뭐라도 하면서 생각하는 것의 차이. 오늘로부터 1년이 지난 후, 1년만큼이라도 나아간 지점에서 오늘을 되돌아볼 것인가, 1년 전과 같은 고민으로 제자리를 맴돌고 있을 것인가의 차이. 그 극간에 '아무것도 아니었지만' 여전히 아무것도 아닌 스스로에 대한 존재론적 질문이 놓여 있지 않을까?

지금까지 철학자들은 단지 세계를 여러 가지 방식으로 해석하기만 했으나, 중요한 것은 세계를 변혁하는 것이다.

– 마르크스

48. 불안과 함께 살아지다

　철학자들의 어록에 관한 기획은, 그간 철학 공부를 해오면서 적어 놓았던 글귀들로 나의 몇 년을 돌아보는 시간이기도 했다. 그 기점이 쇼펜하우어와 키에르케고르, 니체로 대변되는 생철학이었다. 이 카테고리가 이전 철학과 구분되는 특징은, 형이상학적 철학 이론에 대한 반동과 감성의 재발견이다. 우리네 삶이라는 것이 이론대로만 살아지는 것도 아니요, 이성만으로 다 해명이 되는 것도 아니지 않던가. 사랑을 책으로 배울 일이 아니요, 실패는 성공의 어머니라는 말도 자신이 직접 실패를 겪어 보면서 검증할 모성애이듯.

　키에르케고르에게 파토스(페이소스)의 문제는 단순히 우리가 느끼는 무엇일 뿐만이 아니라 또한 외부 세계와의 관계이다. 우리가 마주하는 세계는 '지금 여기'에서 내가 느끼고 있는 것들에 기반한 인식의 결과이다. 내가 당장에 그렇게 느낀다는데, 그 너머에 있다는 이데아적 진리라는 것이 지금 이 순간에 다 무슨 소용이란 말인가. 우리에게 권고되는 삶의 지식이라는 게 또 그런 성격들이지 않나? 당장에 해명되지 않는 순간들로 잇대는 오늘이건만, 내일의 희망과 이상에 초점을 맞춘 이야기들만 늘어놓고 있는…. 어떤 '우월의 평균치'를 설정해 놓고서, 이래야 한다, 혹은 저렇게 되어야 한다며 권고하는 패턴들이 과연 나의 삶이기나 할까? 아니 내게서 가능하기나 할까?

키에르케고르의 '실존'은, 체계와 구조 안에서 저 자신의 자리를 지정받는 자아가 아닌, 삶 그 자체를 대면하는 자아가 지닌 가능성에 말하고 있는 것이다. 이성의 철학, 그 절정을 찍은 헤겔. 그에 대한 비판자로서의 키에르케고르는 모든 걸 보편의 담론으로 귀결시키는 변증을 거부한다. 우리 개개인의 삶은 보편의 기준에서 각자의 차이만큼으로 떨어져 있는 편차 자체일 수밖에 없다. 헤겔에 대한 키에르케고르의 비판은, '현실을 고려치 않고 이론적으로 세상의 운명을 결정지으려고 했다'는 것이다.

우리는 태어나는 그 순간부터 일정 체계와 구조 안으로

자신의 이름을 기입한다. 키에르케고르는 그 틀로부터 자유로워진 상태를 '불안'이라고 말한다. 나보다 먼저 존재한, 미리 주어진 사회적 틀에 맞춰서 살아가는 삶을 우리는 안정성이라고 믿는다. 그래서 그 틀의 바깥을 고민해 보지 않는다. 그러나 그 틀 밖으로 나와야 비로소 진정한 나 자신과도 마주할 수 있다. 이조차도 참으로 식상한 표현일 만큼, 우리가 늘상 듣는 이야기이기도 하다. 하지만 결코 실천하지 못하는 이야기이기도 하고…. 항상 일상으로부터의 탈주를 꿈꾸는 우리가 그 열린 체계로의 가능성을 노상 긍정할 것 같지만, 아무것도 미리 주어지지 않는 상황에서 우리는 뭘 어디서부터 어떻게 해야 할지 모르겠는 불안을 느낀다. 그래서 우리는 자신의 문제에조차 그 결정의 책임을 회피할 수 있을 타인의 대답이 주어지길 바란다. 심지어 그 타자의 담론에서 벗어나는 방법론까지 서점가에 유행하는 타자의 담론으로 모색한다는 아이러니.

역설적으로 '불안은 정확히 말해 가능성으로 인해 생겨나는 것'이다. 그 열린 가능성을 모색하지 않는, 체계와 구조가 권고하는 담론에만 매몰되어 사는 것, 그것이 키에르케고르가 말하는 절망이다. '다른 이들이 자신의 내면생활을 채워 주기를 기대하는, 진정한 정신생활이 박탈된 자들',

다시 말해 자신의 내면생활에 대해 책임을 회피하는 군상들이, 삶 자체가 지니고 있는 가능성과 그 무한으로의 탈주를 거부하는 증상. 그 절망을 자각하는 일이 중요하다. 따라서 절망은 되레 '실존적 진리의 기반'이다. 절망의 상태를 자각하지 못한 채 계속 그 절망을 유지하며 살아가는 무지가 바로 '죽음에 이르는 병'이란 증상이다.

하나의 상태로서 '불안'이야말로 자유를 현기증으로 체험할 수 있도록 해준다.

—키에르케고르

이전까지 내가 맹신했던 혹은 내게 권고되어졌던 구조와 체계가 세상 그 자체의 진면모인 것도 아니다. 그 경계를 지우고 넘어설 필요가 있다. 그러나 그 경계라는 것이 가능성을 가로막는 벽인 동시에 안정감을 확보해 주는 울타리이기도 하다는 딜레마. 하여 키에르케고르의 말마따나 결정의 순간은 일종의 광기이다. 그러나 또 미쳐야 미치는 법, 그 경계를 넘어오고 나서야 그동안 견지했던 가치가 그렇게까지 진리인 것도 아니었음을 깨닫는 순간에 아울러 혼란을 느낀다. 현기증을 일으킨다. 구토를 내뱉는

다. 니체는 그것을 잉태의 증상으로 표현한다. 새로운 세
계와 내일의 도래, 그리고 진정한 나 자신의 탄생을 알리는
입덧이다.

49. 기도하는 그 손을

행복의 깊숙한 곳, 이곳이야말로 절망이 가장 편안하게 머무는 곳이다.

— 키에르케고르

쇼펜하우어의 저서를 집어 든 인연으로 철학의 길을 걷게 된 키에르케고르와 니체이다 보니, 삶 자체가 고통이라는 전제는 공유한다. 좌절된 욕망, 그 절망을 안고 살아가는 삶. 아이러니는 결국 절망이 욕망의 방향성이기도 하다는 사실이다. 흔히들 알고 있듯 쇼펜하우어의 철학이 염세주의로 치닫는 결론인 것만은 아니다. 결국 우리네 인생이란 그런 허무의 베이스 위에 플러스알파라는 것. 니체는

그 허무가 '인간적인, 너무도 인간적인' 결론일 뿐, 그 체념을 넘어선 '초인(위버멘쉬)'으로 거듭나는 것이, '삶'과 '산다'라는 의미와 부합하는 역동성이 아니겠냐는 반문과 함께 쇼펜하우어에게서 멀어진 것이다.

키에르케고르는 그 중간의 입장이다. 그는 요리사의 인생에 비유한다. 고통은 일류요리사가 되기 위해서 칼날에 베인 상처와 같은 것이다. 상처는 욕망의 방향으로부터 도래하는 것들이다. 그 상처와 고통을 회피하면서 어떻게 일류요리사가 될 수 있겠는가? 이런 이유에서 신앙의 철학자라고 불리는 키에르케고르가 기독교의 긍정 담론을 성토한 것이다. 긍정론은 그 밖의 가능성을 배제하려 드는 체념의 증상이라는 것. 존재한다는 것은, 삶이 잠재하고 있는 무한한 가능성과 대면하는 '인간의 유한성'을 구체적으로 사는 일이다. 유한의 존재들이 무한의 가능성과 대면하기 위해서는 불안할 수밖에 없고, 고통 받을 수밖에 없다.

유한적 존재들은 불안과 고통을 극복하는 노력 끝에 신에게 닿게 된다. '신 앞에 선 단독자'란 그런 고통과 고독의 끝에서 맞닥뜨리는 순간이다. 기독교에 대한 키에르케고르의 지적은 이 도식이 도치가 된 형국이라는 것. 기독교는 아예 초장부터 긍정의 간증들만 주입하고, 누구나가 기독교인이 될 수 있는 자격을 부여하면서 신앙의 의미를 퇴락시켰다. 그리고 신앙의 중심에는 성령이 아닌 교회의 권력이 자리하게 되었다.

상식을 지니지 못한 이가 목회자가 될 수 있다는 시스템 자체가 얼마나 부조리한가에 대해서는, 오늘날 한국 기독교가 여실히 증명하고 있지 않던가. 그리스도께서 당대의 부조리에 맞서 격정적인 삶을 살았던 진보 인사였다는 점에서, 오늘날 적지 않은 기독교 단체가 극강의 보수로 기울었다는 사실도 뭔가 이상하지 않나? 간디의 말마따나, 기독교인들이 그리스도를 닮지 않은 경우, 저들은 자신들이 하는 짓을 알지 못함이니이다. 심지어 그리스도께서도 돌을 집어 던지실 일들도 서슴없이 저질러 대는 현실, 잘라라! 기도하는 그 손을….

50. 행복과 고통

가장 분별 있는 인간은 즐거움이 아니라 고통으로부
터 자유를 얻으려고 애쓴다.

‒ 아리스토텔레스

아리스토텔레스의《니코마코스 윤리학》에 적혀 있는 구
절. 아리스토텔레스가 플라톤과 갈라지는 여러 지점 중 하
나가 감정의 가치에 관한 것이다. 염세주의 철학자라고 불
리는 쇼펜하우어의 저서에는 저 아리스토텔레스의 구절을
인용한 부분이 있다. 쇼펜하우어의 역설은 그의 철학을 읽
다 보면 염세주의가 이보다 좋을 수 없는 긍정이라는 사실
이다. 인생은 행복해야 한다는 전제부터가 잘못된 규준이

라는 것. 하여 이토록 행복에 대한 강박과 닦달에 시달리는 것은 아닐까? 그것을 당연히 전제되어야 할 가치로 여기기 때문에, 행복하지 않은 상황에 박탈감을 느끼는 것은 아닐까? 기쁘지 않은 기분이 곧 슬픔은 아니듯, 행복하지 않음이 곧 불행은 아님에도….

쇼펜하우어로부터 뻗어 나와 끝내 결별을 고한 니체도, 고통을 삶의 한 부분으로 받아들여야 도리어 고통에서 자유로울 수 있다는 모순의 전제만큼은 공유를 한다. 그러나 행복에 관해서는 보다 적극적인 태도로 말미암아 그와 갈라지는 것이기도 하다. 긍정의 철학이 제안하는 영원회귀적 태도는, 절망으로 인한 파괴와 몰락, 그리고 그 폐허에 다시 지어 올리는 디오니소스적 가치를 포함한다. 그러나 그 절망에 너무도 간단히 주어지는 해법들은, 이를테면 오늘날 서점가의 힐링 담론은 수동적이고 체념적인 노예의 도덕으로 간주한다.

치유로 보이는 것이 결국에는 그 치유의 대상이 되었던 병보다 더 독한 무엇인가를 낳았다. 즉각적으로 효과를 나타내는 수단들, 마취와 도취, 소위 말하는 위안들은 무지하게 치유책으로 여겨졌다. … 그

대는 가능하다면 고통을 물리치기를 원한다. 그런데 실제로 그렇게 함으로써 오히려 고통을 증폭시키고, 그 전보다 더 악화시킨다.

                                        – 니체

정신분석의 치료법도 무의식에 숨어 있는 상처를 의식의 차원으로 끌어올려야 제거도 할 수 있다는 논리이다. 상처와 직접 대면하는 것이다. 담판을 짓고자 해도 상대가 보여야 뭘 하든지 말든지 할 것 아닌가. 따라서 회피가 능사는 아니라는 것. 니체가 이런 이유로 에피쿠로스를 비판한 것이기도 하다. 낙천을 유지하기 위해 현실을 도피하는 것이라며….

니체가 사랑한 문인 스탕달의 어록을 인용하자면,

"당신은 인간의 행복에 대해 아는 것이 참으로 적다. 그 이유는 행복과 불행이란 자매, 더 나아가 둘이 함께 성장하거나 아니면 당신의 경우처럼 함께 성장을 멈추고 시시한 존재로 남는 쌍둥이이기 때문이다."

살면서 거쳐야 하는 성장통 너머에서 기다리는, 이 고통을 통과함으로써 얻는 부산물이 행복이라는 의미이다. 저 유명한 카뮈의 어록처럼, 삶에 대한 절망 없이는 삶에 대한 사랑도 있을 수 없다. 이를테면 항체 같은 거다. 한번 직접 앓아 보고 알게 되는 가치들, 그것이 타인에 의해 작성된 행복의 지침서에 적혀 있을 리도 없고….

그러니 그 고통을 견뎌도 볼 것, 어떻게 하고 싶은 대로만 하고 살면서 행복이 다가올 것이라고 기대하는가? 그도 자신의 삶에 대한 너무도 게으른 태도가 아닐까? 그렇게 쉽게 발견할 수 있을 행복이라면, 그 유효기간이 얼마나 될까? 홀홀 털어 내겠노라 떠난 여행도 결국 다시 돌아올 자리를 위한 여정이 아니던가. 저 너머의 희망도 지금 여기의 절망 속에서 찾아내야 할 쌍둥이 자매는 아닐까?

51. 절벽에 세우라

다산 정약용이 〈고구려론〉에서 지적하는 고구려 패망의 원인은 평양으로의 천도이다. 이전의 수도였던 국내성은 이민족과의 접경 지역에 위치해 있었기 때문에 오히려 항상 침입에 대한 대비가 철저히 이루어졌지만, 평양은 겹겹이 둘러싸인 성곽의 견고함을 믿고 있다가 결국 패망을 자초한 꼴이라는 것. 자신을 항상 절벽에 세우란 말이 있지 않던가. '다음'이란 기회는 지금의 절망을 위로하는 희망의 기약이기도 하지만, 실패의 함수로 작동하기도 한다. 어딘가로 돌아갈 곳이 있는 자에게는 '지금 여기'에서 절박해야 할 이유가 없다.

실존의 가장 커다란 결실과 향락을 수확하기 위한 비밀은 이런 것이다. 위험하게 살라! 그대들의 도시를 베수비오 화산 옆에 세우라! 그대들의 배를 미지의 바다로 내보내라! 그대들과 동류의 인간들, 그리고 그대들 자신과의 싸움 속에서 살라!

— 니체

실존의 계보들이 차라리 절망과 불안을 긍정하는 이유이다. 때론 생짜로 던져진 위기 속에서, 신념의 도약이 이루어진다. 굳이 절벽에 서야 할 이유를 모른 채, 선뜻 절벽으로 다가가는 사람은 없을 것이다. 절벽에 서야 할 필요성을 깨달은 사람들에게도 분명 쉬운 일은 아니다. 항상 절벽에 선 각오로 살아가겠노라 다짐을 해보지만, 그 다짐을 지키는 것은 더 쉽지가 않다. 그렇기에 차라리 어쩔 수 없이 절벽으로 내몰린 지금이 더할 나위 없는 기회인지도 모른다.

위기가 곧 기회라는 식상한 말이야 누군들 못하겠는가? 그러나 그런 말 같지도 않는 말조차도, 내 삶으로 증명해내는 것 이외에는 별 다른 방법이 없다는 것이, 지금 당신이 딛고 있는 절벽의 속성이기도 하다.

52. 번개와 구름

언젠가 많은 것을 말해야 하는 이는 많은 것을 가슴
속에 말없이 쌓아 둔다. 언젠가 번개에 불을 켜야 할
사람은 오랫동안 구름으로 살아야 한다.

― 니체

모든 구름이 다 번개를 지니고 있는 것은 아니다. 비를
머금고 있는 먹구름도 침묵으로 지나가기 일쑤이다. 하늘
이 나의 자리가 되는 것도 잠시, 다시 비가 되어 땅으로 내
리고, 개울이 되고 강이 되는 순환을 반복한다. 다시 구름
이 되어도 번개의 운명은 아닐지 모르는, 우연에 비껴가고
필연에 물러서 있는 이 빌어먹을 놈의 삶. 다 되어 가는 듯

하다가도 또 다시 제자리, 이루어지는가 싶다가도 다시금
원점으로 돌아가야 하는….

　하지만 그런 게 삶이고 세상인 걸 또 어쩌겠는가. 이럴
필요까지 있을까 싶을 정도로 몰아붙이는 그 불필요가, 언
제고 번개로 화(化)하는 단 한 번의 우연을 위한 필요인지
도 모르고….

53. 절망의 껍질을 깨고

어린 벌레가 맞닥뜨린 세상의 끝은 나는 벌레가 되기 위함이다. 하지만 자신의 몸에서 실을 뽑아 지어 올리는 어둠이, 날개를 위한 시간임을 아는 애벌레가 있을까? 긴 기다림 끝에서 비좁은 갑갑함을 찢고 나오는 날에야 비로소 지난날의 본능을 이해할 수 있을 것이다. 나뭇잎 사이로 보이던 파란 조각 하늘빛 옆으로 더 큰 하늘이 가려져 있었고, 그 하늘을 품기 위해 필요했던 시간이었음을….

날개가 만들어지기까지는 그 갑갑함이 열리지 않는다. 또한 열려서도 안 된다. 시장통의 번데기들이 지닌 운명이 그렇지 않은가. 번데기로 끌려 나오지 않는 한, 우리는 하늘을 준비해야 한다. 삶이 내게 날개를 달아 주기 위해 이토록 짙은 어둠의 시간을 요구하는 것은 아닐까? 그러니 그 어둠을 사랑하라. 물론 쉽지 않겠지만, 또 뭐 어쩌겠는가? 그런 믿음이라도 지니고서 또 힘든 하루를 견뎌 내는 수밖에….

나를 죽이지 못하는 것들은 나를 더욱 강하게 할 뿐이다.

– 니체

《주역》에도 이르길, 궁즉통(窮則通)인지라, 이전까지는 가능하지 않았던 것들을 닥치는 대로 해내는 힘 또한 절망 속에 잠재되어 있다. 정녕코 나를 가로막고자 했다면, 거기서 날 죽였어야 했다. 아직까지 죽지 않았다는 건, 강해지고 있다는 의미일 게다. 그러니 네 절망을 사랑하라. 물론 쉽진 않겠지만, 또 뭐 어쩌겠는가? 그렇게 믿고 강해지는 수밖에, 그리고 이 힘든 세상의 끝까지 달려가 보는 수밖에…. 그것 말고는 딱히 다른 선택지도 없기에, 그 상황이 절망인 것이기도 하다.

54. 이상, 그 이상으로

자신의 이상에 이르는 사람은, 이로써 그 이상마저
넘어선다.

― 니체

니체에게 매료된 이들에겐 그의 전형으로 각인된 필법이
라고 할 수 있는 문장이지 않을까? 참 말을 멋있게 한 철학
자. 오늘날과는 '문인'의 기준이 다른 시절이기도 했겠지만,
쇼펜하우어와 니체는 저 자신이 문인이라고 생각한 철학자
이기도 하다.

강백호의 이상이었던 슬램덩크, 그러나 그 이상이 가능
하기 위해선 농구선수로서의 갖추어야 할 기본 소양들을

트레이닝하는 일상이 필요했다. 그 과정 속에서 풋내기 시기에는 보이지 않던 더 많은 것들이 보이기 시작하고, 애초에 지녔던 이상의 지점은 뒤로 밀린다. 그의 이상은 이젠 슬램덩크가 아니다. 농구 그 자체이다.

도달하고자 하는 이상의 지점에 닿는 순간, 이미 그곳은 이상의 지점이 아니다. 그곳으로 가는 여정에서 더 많은 것을 깨닫게 되고, 계산에 없었던 더 많은 것들을 배워야 한다. 때문에 그곳에 닿는 순간에는 이미 그곳을 넘어선 자신이 되어 있다. 그리고 다시 저 너머의 다른 이상을 향한다. 이상에 이르는 이들은 그렇듯 어제를 폐기하면서 또 다른 내일로 나아간다.

니체의 한 주제는 '극복'이다. 부단히도 지금의 자신을 갱신하는, 고착과 안주 그리고 체계의 명분을 넘어서는 강자의 도덕. 히틀러에게서는 이 '강자의 도덕'이라는 단어만 아전인수식으로 왜곡된 것이다. 정작 니체는 히틀러와 같은 작태를 '르상티망', 즉 노예의 도덕이라고 일컬었거늘…. 그런데 니체도 당대에는 소외되었던 자신의 철학이 왜곡될 미래까지 예언하고 있었다.

실상 많은 철학들이 왜곡의 수난을 겪었다. 공자의 철학도 당대의 패러다임 안에서는, 지킬 건 지키고 변할 건 변

188　　　　　　　　Ⅱ. 이제부터의 인생방정식

해야 한다는, 보수와 진보를 아우르는 기치였건만, 그 실존적 맥락은 간과한 채로 문장만 들어 쓰는 경우엔 꼰대들의 훈장질로 전락한다.

55. 타인의 행복

"행복한 가정은 모두 비슷한 이유로 행복하지만, 불행한 가정은 저마다의 이유로 불행하다."

톨스토이의 《안나 카레니나》를 여는 꽤나 유명한 구절. 재레드 다이아몬드는 '안나 카레니나의 법칙'이라며 다소 실증적 조건으로 설명하는데, 학문이 지니는 결의 차이일까? 나는 《법구경》에 나오는 겨자씨의 비유로 이해했다. 그러니까 한 가정이 안고 있는 총체성에 관한 이야기. 물론 '불행'과 '행복하지 않음'이 동격의 상황은 아니겠지만, 그 모두가 저마다의 이유로 행복하지 않고, 비슷한 이유로서의 지향처를 설정해 두고 사는 삶.

꼴에 철학한답시고, 내게서 가능할 수 있었던 행운은 그런 '행복하지 않음'들에 관한 경험이기도 하다. 모든 것이 풍족할 것 같은 대기업의 CEO도, 고상하고 우아하게 살 것만 같은 갤러리 대표도, 자신들이 너무 부족한 것 같다며 나에게 미안한 마음부터 건네는 디오니소스 친구들도, 열 망의 뒷모습과 후유증을 감내해야 하는 예술가 분들도, 잃 어버린 시간을 찾아서 마들렌 한 조각을 베어 문 엄마 작가 들도…. 실상 그녀들보다 조금 일찍 마들렌을 집어 든 것일 뿐인 나도, 항상 그 마들렌에 관련한 총체적 비용이 걱정인 출판사 대표도….

미야자키 하야오는 자신의 작업이 행복하지 않았단다. 지루한 반복임에도, 되레 지루하게 느껴지는 그 작업을 끝 내고 난 다음 날에 다시 그리고 싶다는 생각이 드는 게 이 상하다고…. 저 노인네는 평생 행복하게 작업을 했을 줄 알 았는데, 이전까지 내가 지녔던 믿음과는 사뭇 다른 술회. 그가 말하는 행복이란 자신의 작품으로 인해 행복감을 느 끼는 다수의 개개인이 목적이다. 자기 혼자 행복해지는 게 인생의 목표인, 내가 사는 목적이 내가 행복해지기 위해서 라는 생각은 납득을 못 하겠단다.

그런데 기획 업무를 맡고서부터 이런 기분을 약간씩 느 끼고 있다. 마치 나와의 만남을 기다리고 있었던 듯한, 그 자리에서 지금까지 무언가 열심히 하고 있었던 이들. 굳이 내가 아닌 다른 사람이었어도 어떤 방향성으로든 나아갈 수 있었을지 모를 일이지만, 또 나였기에 그 나름대로의 방향성으로 열어 가는 시간들. 행복을 연출하는 인스타그램적 이미지와 그 타자의 담론을 비판하는 철학이지만, 실상 그 선봉의 니체조차도 타자를 경유하는 행복론을 말한다.

하루의 생활을 다음과 같이 시작하면 좋을 것이다. 즉 눈을 떴을 때 오늘 단 한 사람에게라도 좋으니 그가 기뻐할 만한 무슨 일을 할 수 없을까 생각하라.

— 니체

실상 출판사와 내가 조금 풍족한 상황이었다면, 이런저런 기획이 없었을지도 모른다. 때로 결핍은 다른 결핍과 얽혀 톱니바퀴처럼 맞물려 나아간다. 저마다의 이유로 맞물려 비슷한 이유에서의 새로운 시간으로 나아가려는 힘에의 의지가, 다시 한 번 낡은 태엽을 감는다. 디지털 시대가 열린 지가 언제인데, 태엽의 비유라니…. 그런데 또 출판의 속성이란 게 아무리 시대에 발맞춘다 해도, 결국엔 그 기반은 아날로그적 텍스트이기에, 여전히 12진법의 톱니바퀴로 나아가는 시간.

56. 훗날에 발견되는 오류

연암 박지원은 〈공작관문고서(孔雀館文稿序)〉란 글에서 이명(耳鳴)과 코골이를 비유로 들어 글쟁이들의 문제점을 지적한다. 이명을 앓고 있는 사람은 다른 사람들이 자신이 듣는 소리를 듣지 못함을 답답해한다. 그러나 남들이 듣지 못하는 소리를 듣는 예민한 청력이어서가 아니라, 귀가 앓고 있는 질환 때문이다. 코를 고는 사람은 정작 자신은 수면 중이기 때문에 자신의 코골이를 듣지 못한다. 자신에게 문제가 있음을 혼자만 모르고 그것을 지적하는 다른 사람들을 탓한다.

실상 자신에게 하자가 있는 것임에도 늘상 남에게서 그 원인을 찾는다. 왜 당신은 이 소리를 듣지 못하느냐고, 혹

은 내가 언제 코를 골았다 그러느냐고…. 이명은 자신의 세계에만 취해 있는 경우이며, 코골이는 자신의 결핍을 인지하지 못하는 경우이다. 사실 하나의 경우이기도 하다. 자신에게 취해 있는 이들은 자신의 결핍을 자각하지 못한다.

자의식이 강한 사람일수록 도리어 최면에 걸리기 쉽단다. 자신에 대한 확신이 강할수록 불합리에 더 잘 빠지게 되는 자기최면은, 반성적 거리가 확보되지 않는 자기 표상에 갇힌 결과이다. 물론 스스로를 사랑하는 방식은 존중되어야 할 사안이겠지만, 스스로에게서 자유로워질 수 있다면 보다 많은 타인들로부터 사랑을 받게 될 것이다. 스스로에 대한 신념은 소중히 지켜나가되, 신뢰도와 타당도를 딛고 서 있는 신념인지에 대한 진단도 게을리 하지 않아야 할 문제이다.

데카르트의 코기토(Cogito, 나는 생각한다. 고로 존재한다)는 스스로에 대한 의심을 극으로 밀어붙이는 방법적 회의를 전제로 한다. 자신에 대한 무조건적 신뢰와 그놈의 직관을 명분으로 들이미는 확신엔, 언제고 아렌트의 '생각하지 않은 죄'를 따져 물어야 할지도 모를 일이다.

옛날에 내가 했던 확신이 지금에 와서는 그 박약한 논리에 손발이 오그라드는 경우가 있다. 설득할 수 있었던 것은 정작 나 자신뿐이었다. 그래서 확신을 확실로 착각할 수도 있었겠지만…. 이제와 돌아보니 어리석었던 일들, 하지만 어리석었던 당시의 나로선 최선의 합리였던 일들. 이제와 생각해 보니 그때라도 시작했어야 했던 일들. 아무리 창피했어도 차라리 그때 진실했어야 했던 일들.

지난날 그대가 진리라고 말하고 진실로 인정했기에 사랑할 수 있었던 것들이, 이제 그대를 방해하는 오류로 생각될 때가 있다.

— 니체

시간이 지나면 또 어떤 오류를 깨닫게 될까? 어떤 후회로 지난날을 돌아볼까? 나는 나 자신을 믿는다. 그러나 내 지금의 확신을 신뢰도로 여기지는 않는다.

57. 창조적 진화

언젠가 될 상태는 '지금 상태' 속에 이미 존재하고 있다.

— 베르그송

베르그송의 《창조적 진화》에 적혀 있는 구절. 이 순간의 결정은 이미 오래전부터 준비해 온 것이기도 하며, 지금 겪고 있는 시간부터가 당신이 말하는 '언제가'의 속성이다. 개인적으로 좋아하는 함석헌 선생의 어록으로 대신하자면, 정말로 믿는 이에겐 장차 때가 다가오지만 지금도 이미 그 '때'이다.

베르그송의 철학을 단 하나의 키워드로 축약하자면 '시

간'이다. 우리가 겪은 모든 시간이 우리의 지평에 개입하는 것은 아니다. 그러나 드러나지 않는 방법으로, 다시 말해 무의식으로 남아 우리의 경향과 성향에 끊임없이 영향을 미친다는 것. 그는 화가와 그림에 비유한다. 화가의 역량이 달라질수록 그 그림의 성격 또한 변해 가는 것처럼, 개인이 겪는 시간의 결과가 의식 차원에서의 진화만은 아니라는 것. 훗날 하이데거의 존재와 시간 철학의 선구적 지점이기도 하다. 존재는 시간의 산물이다.

Ⅱ. 이제부터의 인생방정식

58. 호모 비데쿠스

소유에 대한 지배적인 지향성은 완전한 성숙이 달성
되기 전의 시기에 나타나며, 영속적으로 되면 그것
은 병적이다.

— 프로이트

소유에만 전념 혹은 집착하는 강박을, 프로이트는 항문
기의 경험에서 그 원인을 찾는다. 그에 따르면, 인간이 직
립을 하고 후각기관이 대지에서 떨어지게 되면서, 냄새는
우리의 미학적 이념과 양립할 수 없게 되었다. 프로이트
커넥션에서 항문기는 배변 습관의 훈련을 통해 사회화가
이루어지는 시기이다. 문화에 대한 그의 정의는 동물성과

구분되는 성취로서 이루어 낸 제도다. 문명 안에서 우리는 싸고 싶은 모든 순간에 쌀 수 있는 건 아니다. 여간하면 그 사회가 지정한 곳에 싸야 하는, 이미 제도권 안으로 포섭된 배설의 문화이다.

이 시기에 정신적 성장의 지체를 겪는 경우들이 있고, 그 결과 항문애적 성격이 발달한다. 배변을 통해 학습되는 절제의 강박이 인색의 정서로 옮아갈 수도 있다는 것. 지나치게 깔끔하다든가, 지나치게 고집이 세다든가, 지나치게 원칙주의자이거나 광적인 신념을 견지하는 성격의 형성과 결부되어 있는 지점이 이 항문기이기도 하다. 프로이트는 금전과 배설물(황금과 오물) 사이의 상징성을 결부시킨다. 절제에 대한 과도한 해석이 저장의 강박과 소유의 집착으로 이어지기도 한다는 것.

히스테리 환자는 대부분 회상으로 고통받는다.

― 프로이트

프로이트에게 있어 관건은 유년시절의 경험이다. 인생의 초반기에 겪는 경험들로 정신의 구조가 어느 정도는 확립이 된다고 보았던 것. 물론 오늘날의 정신분석에서 프로이트의 입지가 절대적인 건 아니지만, 그의 주장에 준해서 어떤 해석을 내놓자면, 타인에게 베풀 줄 모르는 성격들은 항문기의 정서에 머물러 그야말로 똥구녕으로 나이를 처 자신 전형이기도 하다는…. 위생 관념이 좋아진 시절에 이런 인간상이 더욱 많아지는 현상은 어떤 상관의 관계일까? 어쩌면 가장 사적인 영역, 화장실의 욕망 체계 안에서 저 자신밖에 모르는 호모 비데쿠스라고나 할까?

59. 불안의 안식처

끝없는 절망이라는 확고한 토대 위에서만 영혼의 안
식처는 안전하게 구축될 수 있다.

- 러셀

니체는 목회자들을 의사에 비유한다. 좋은 의미로서의
의사가 아니라, 환자의 병을 치유하기 위해 먼저 환자에게
병을 선고하는 의사. 다시 말해 '구원'하기 위해서 먼저 '원
죄'를 심어 주어야 할 필요가 있었던 종교의 정치적 성향을
비판한 것이다. 러셀의 어록 또한 그런 맥락이다.

안정의 어젠다가 효과를 보기 위해서 먼저 제시되어야
것은 '불안'이다. 때문에 정치인들이 국민의 '불안'을 볼모로

저 자신의 존재 기반을 공고히 하던 시절이 있었고, 지금도 그 관성들이 잔존하는 현실. 정치뿐만이 아니라 경제 분야에서도 '불안'은 좋은 상품이다. 대중들이 지닌 불안 그 자체를 이용하는 많은 파생 상품들과, 지금 당장에 그것을 사지 않으면 안 될 것 같은 심적 부담감을 조장하는 마케팅 등등.

60. 우스꽝스러울 수 있는 용기

우스꽝스러워지지 않고서는 아무도 깜짝 놀랄 일을
이룰 수 없다. 전복해야 한다. 그것이 전부이다.

― 바타유

현역 시절 김성한 선수의 오리궁뎅이 타법은, 배트의 스
윙속도가 느린 자신의 단점을 보완하기 위한 자구책이었단
다. 노모 히데오의 '토네이도' 포즈 역시 마찬가지 이유에서
였다. 보기에 따라 다소 우스꽝스러운 모습일 수도 있으나,
그들이 이루어 낸 역사 앞에서 우스꽝스러움은 '인상적'이
라는 관용사와 동격이다.

나의 고질적 습관, 다시 한 번 《슬램덩크》로의 회귀. 그

런 우스꽝스러움을 단적으로 보여 주는 사례가 해남과의 경기에서 연출된, 어정쩡한 자세로 던진 양손자유투였다. 이 경기에서 드러난 강백호의 가장 큰 성장은, 자신이 풋내기라는 사실을 어느 정도 인정했다는 사실이다. 무능을 자각하는 순간에야 비로소 자신이 정말로 할 수 있는 무언가가 발견된다. 괜히 남들의 자세를 흉내 내봐야 들어갈 것 같지 않다. 강백호의 선택은 폼이야 어떻든 차라리 자신에게 가장 쉬운 포즈로 잘 겨냥해서 던지는 것이었다.

천재의 자격에 걸맞은 멋드러진 모션이 가능하다면 그얼마나 좋겠는가? 그러나 그것이 가능하지 않다면, 자신을극대화할 수 있는 우스꽝스러움을 택할 수 있는 용기도 천재의 조건이 아닐까? 우리에게 부족한 것은 '미움받을 용기'보다는 차라리 우스꽝스러워질 용기가 아닐까? 초라해지지 않고, 굴욕적이지 않고 싶은 욕망이야 당연한 것이겠지만, 어쩌면 적어도 지키고 싶은 그 자존심을 내려놓지 못해, 우리는 항상 그나마 체면을 세울 수 있는 차선을 택하는 것이 아닐까?

61. 존재와 시간

뒤샹의 〈샘〉이란 작품으로 설명해 볼까? 변기가 화장실에 있을 땐, 그것이 변기라는 사실이 특별할 게 없다. 저기 변기가 있다, 저기서 용변을 보자, 이렇게까지 변기를 의식하면서 볼일을 보진 않는다. 그러나 그것이 갤러리로 나와 전시가 되면, 거기에 변기가 있다는 사실이 특별해진다. 화장실의 도구가 화장실을 벗어나 일상의 기능을 잃어버렸을 때, 비로소 우리의 의식 안으로 변기가 '나타나는' 셈이다. 하이데거가 이런 경우를 일러, 비일상적인 세계에서 도구의 본질이 드러난다고 하는 것이다. 그의 용어를 빌리자면, 존재사건을 통해 존재망각으로부터 드러나는 것.

하이데거는 그 비일상성을 예술의 조건으로 보고 있다.

작품 자체만큼이나 하이데거의 해석으로도 유명한, 고흐의 구두 그림에 대한 하이데거의 설명이 대강 이런 미학이다. 그것이 일상 속에 자리할 땐 그것이 구두라는 사실이 특별하지 않다. 구두를 그린 그림일 때나 특별해지는, 그것이 구두라는 사실. 일상 세계에서 드러나지 않는 도구의 본질을 보여 주기에, 하이데거는 예술작품을 미적 차원을 넘어 진리와의 관계 속에서 고찰한다.

하이데거 철학에서의 '도구' 개념은, 꼭 그것이 지닌 기능성에 대한 이야기라기보단, 세계와 관계를 맺고 있는 존재방식에 관한 설명이다. 다시 말해 존재의 조건인 시간의 방식이기도 하다. 이 시간의 철학을 인생훈적으로 풀어 보자면….

한때는 음악에 관한 꿈을 지니고 있는 청춘이었는데, 한때는 화가를 꿈꿨었는데, 한때는 문학소녀였는데, 이제는 그 시절이 거짓말처럼 느껴질 만큼 이토록 멀어진 세월. 매일같이 반복하는 지금의 일상에서만큼 우리가 잘 안 드러나는 시간도 없지 않던가. 이언이 엄마와 민과장으로서의 일상, 그 생활체계는 우리가 누군가였는지를 기억해 주지 않는다. 음악과의 관계, 그림과의 관계, 글과의 관계, 내가 세상과 맺었던 방식을 잊어버리고 사는 시간. 삶의 어느 순간부터 그 손을 놓쳐 버리고 떠나온 나의 진리, 혹은 나의 미학. 그러나 놓아 버린 그 자리에서 아직도 나를 기다리고 있을지 모를 그것들.

엄마들의 독서와 글쓰기가 하나의 마켓이 된 현상은, 그 자리로의 회귀를 꿈꾸는 열망들의 표현이기도 하지 않을까? 첫째 아이의 이름으로 대신 불리는 시간도 물론 행복한 일상이겠지만, 가끔씩은 비일상성 속에서 자신의 이름을 회복해 보고자 하는 열망. 그런 '알레테이아', 탈은폐적 시간으로서 해명하고자 하는 존재미학.

그는 자신이 무엇인지를 증언해야 하는 자다. ... 인간은 그 자신의 존재를 입증하는 것으로 존재하는 자다.

— 하이데거

쉬운 말을 어렵게 하는 것을 철학이라 했던가? 그중에서도 최고 난이도를 점하는 지위가 바로 하이데거이다. 독일 국민들은 언제 독일어로 번역된 하이데거가 출간되느냐는 농담을 던질 정도로, 독일 국민들에게도 어려운 독일어로 쓰여진 철학이다. 그러니 우리나라 말로 번역해 놓았다고 한들, 그것이 결코 쉬이 읽힐 리도 없다. 저 어록은 그나마 알아들을 수 있을 만한 걸 그마저도 내가 편집을 가한 문장이다.

플라톤의 이데아는 어떤 전제에 근거하는 것일까? 플라톤을 플라톤이게끔 하는 존재 근거를 이해해야 왜 그가 그런 이론을 개진했는지도 납득이 되는 일이다. 하이데거 철학에서의 '존재'란 존재하는 것들의 존재 근거이며, 어느 정도의 가치체계를 매개한 '일관된 시선 끝에 놓인 대상'이다. 다시 말해, 그것을 그렇게 인식하게끔 하는, 인식의 토대와 조건을 포괄하는 개념이다. 존재하는 것들은 저마다의 가치체계를 투영해 세계를 바라보고, 또한 그렇게 바라보는 세계가 다시 가치체계의 토대가 되는 순환의 상태이다. 지금까지 내가 써내린 해설도 결코 쉽게 읽히지는 않겠지만, 조금 더 무난한 언어로 요약하자면, 존재는 각자가 겪는 시간의 결과인 동시에 원인이라는 이야기이다. 그의 대표 저서인《존재와 시간》은 대강 이런 내용이다.

62. 행복의 조건

고통스러운 소모와 즐거운 재생이라는 정해진 순환
을 벗어나서는 어떠한 지속적인 행복도 없다.

— 아렌트

《인간의 조건》에 적혀 있는 구절에 정신분석의 이론을
덧대자면…. 라캉은 프로이트가 말한 '죽음의 충동'을 쾌락
의 필수적 조건으로 설명한다. 같은 자극의 쾌락을 유지한
다는 건, 이미 둔화가 일어나고 있다는 의미이기도 할 터,
그러나 그런 상쇄가 있기에 그 결여만큼을 다시 추구하게
되는 것이다. 결국 욕망이란 소멸로써 충족을 지연시키는
반복 그 자체를 추구하는 속성이다.

정말 좋아서 하는 일도 반복의 매 순간마다 만족스러울 수만은 없다. 때로 더 이상 나아가지 못하고 제자리걸음만 하는 것 같아도, 때로 아무것도 되지 않아 허송세월만 보내는 것 같아도, 또 그런 결여의 발생만큼으로 조금 더 진보하는 것이기도 하고…. 매 순간마다 만족스럽다면 되레 그것이 타성의 기만은 아닐까?

63. 실존주의와 휴머니즘

인간은 오직 자신만이 자신의 입법자임을 주장한다
는 점에서, 우리(실존주의자)는 휴머니스트이다.

— 사르트르

사르트르의 《존재와 무》를 단 한 줄로 요약하자면, 이 또
한 그의 어록인 '실존은 본질에 앞선다'로 대신할 수 있다.
사르트르에 따르면 사물은 있는 그대로 있는 '즉자 존재'이
다. 그러나 사물이 아닌 이상 있는 그대로 있을 수는 없는
사람인 터, 우리의 의식은 항상 '~대하여' 열려 있다. 이런
'대자 존재'가 자신의 밖으로 향하는 지향성을 사르트르는
無라고 정의한 것이다. 우리는 각자가 견지하는 삶의 가치

에 이끌려 살아간다. 그 지향성은 결여의 성격이며, 아직 채워지지 않은 그 자리에 무엇을 채워 넣는가에 따라 존재가 결정(結晶)된다. 그렇듯 존재는 미리 규정되는 것이 아니라, 그 자신이 살아가는 삶의 맥락 안에서 언제나 무엇을 향해 무엇이 되어 가는 존재이다.

아직 채워지지 않은 그 공백은 '불안'의 속성이기도 하다. 그러나 역설적으로 그 불안 속에서 우리는 보다 자유로운 선택권을 지닐 수 있게 된다. 기존의 생활체계를 노상 긍정하는 것이 아닌, 미래를 겨냥한 결핍 속에서 앞으로의 삶을 만들어 가기 때문이다. 이렇듯 그의 '존재' 개념은 현상학을 잇는 계보의 면모도, 키에르케고르와 하이데거에 맥이 닿는 실존의 계보로서의 면모도 지니며, 라캉의 욕망 이론으로까지 이어진다.

또한《존재와 무》라는 제목에서 느껴지는 바처럼, 노자의 변증법도 포함하고 있다. 자유로운 사회주의를 기치로 내건 사르트르가 모택동에게 호감을 표한 것도 이해가 되는 대목이다. 마르크스에 대한 모택동의 변주는 노자에 기반한다. 물론 모택동의 결과가 무위자연이었는가는 다른 문제이지만….

64. 이방인의 부조리

영원히 나는 나 자신에 대해 이방인이리라.

— 카뮈

카뮈의 부조리 개념은 인식과 실재 사이의 괴리감에 대한 각성이다. 우리는 세계 그 자체를 인식한다기보단 내게 인식 가능한 것들로 조합된 나만의 세계에 갇혀 살아간다. 하여 똑같은 실재를 마주하고서도 결국엔 각자의 현상으로 해석해 낸다는 것이 현상학과 실존철학의 전제이기도 하다. 가끔씩 내가 바라보고 있는 세상과 실재의 세계가 다르다는 사실을 감지하는 순간들이 있다. 내 개인적인 사례로 적어 보자면, 지금 살고 있는 지역에 자리한 보라매

병원이 그렇게 느껴질 때가 있다. 지금으로부터 10년 전쯤에, 장례식장에 올 일이 있어서 처음 들렀었다. 그때만 해도 내가 이 근처에서 거주할 미래를 생각해 보지도 않았거니와, 보라매병원을 어떤 의미로 바라본 것이 아니라 그저 서울에 있는 여러 병원 중에 하나였을 뿐이다.

언젠가부터 이 지역이 내가 가장 오래 살게 된 서울이 되어 버리면서, 보라매병원 역시 이미 내 생활체계 안으로 들어와 있는 익숙함이 되어 버렸다. 그것을 처음 마주쳤을 때, 낯선 동네에 와서 보게 된 어느 병원 건물이라는 느낌, 그러니까 내 인식의 맵 안으로 들어오기 전에 '사물 그 자체'였던 순간의 느낌은 재연되지 않는다. 그런데 가끔씩 '장례식장'이라 적힌 푯말에서, 처음 그것을 보았을 때의 느낌이 언뜻 기억나는 경우가 있다. 지금은 그저 무심한 시선으로 지나치는 여기가 바로 그때 거기였다는 사실과 더불어….

우리는 세계를 각자의 인식 체계에 준해 해석한다. 그러나 인식의 틀 밖에서 그것을 낯설게 느끼는 순간들도 분명 존재한다. 카뮈에 따르면, 인식체계 밖에 놓인 세계를 각성하는 순간의 결과가 허망함으로 점철된 부조리이다. 시대의 라이벌로 묶이는 사르트르는 이것을 즉자 존재 - 대자 존재로 설명하는 것이고, 그 각성의 순간을 상징하는 행위가 그의 소설 제목이기도 한《구토》이다. 카뮈는 그보다는 조금 더 유려한 문학의 문체로 설명하는 경우이다.

같은 맥락에서, 삶의 서사 역시 내가 바라고 원하는 대로의 목적성으로 배열되는 것은 아니다. 그것은 어디까지나나의 입장이고 희망일 뿐이다. 그러나 어디 삶이란 시간이그렇게 순탄한 논리로 흘러가기나 하던가. 세상을 살아가는 저마다의 의지로 직조된 형국이다 보니, 내 의지의 영역에서 벗어난 삶의 순간들은 우연적이다. 때문에 성공을 위한 적량의 노력이 미리 정해지는 것도 아니요, 숱한 사랑의카운슬링에도 불구하고 그 사랑은 끝내 이루어지지 않을수 있다.

카뮈는 연극에 비유한다. 정해진 극본대로 연기를 하고내려와 이제 무대 밖에서 마주하는 실재, 목적성의 배역을벗어난 그 괴리 안으로 허망함이 들어찬다. 연극의 서사는비교적 논리적이다. 그러나 연극 밖의 삶은 본래부터 비합리적이다. 그 비합리의 성격을 개인의 합리로 해석하는 것에 지나지 않다. 삶을 연극에 비유하기도 하지만, 우리는 각자의 합리성에 맞춘 각자의 배역으로 연극을 하고 있는 것이나 다름없다. 그것이 비합리적 세계에 대한 나의 합목적

적 희망이란 사실을 깨달았을 때, 이 삶에 대한 무상과 허망
이 밀려드는 것이다.

카뮈는 허망을 극복하는 방법론으로 자살과 종교를 언
급한다. 자살은 허망함에 대한 자각 앞에서 행하는 주체적
결단이다. 그러나 어차피 때가 되면 다가올 죽음을 미리
앞당길 필요가 있을까? 이 꼴 저 꼴 다 봐가면서 그래도 살
아가야 하는 '부조리', 그 부조리를 잇대며 살아가는 것이
삶이라는 전제 앞에서는, 자살도 결단이 아닌 체념의 방식
이다. 카뮈는 '패배'라고까지 표현한다. 종교는 그저 부조
리로부터의 도피라는 점에서 철학적 자살이다. 하여 그 또
한 체념이라는 것.

카뮈는 차라리 갑작스레 맞닥뜨린 실재의 허망을 실존
의 가능성으로 해석한다. 여기서부터는 은근히 쇼펜하우
어 식의 역설이기도 하다. 왜 우리는 각자의 바람과 희망
이 이 삶에 전제되어야 한다고 믿는 것일까? 왜 행복한 삶
이 곧 인간의 평균적 소유라고 생각하는 것일까? 삶은 결
코 합목적적이지 않고, 원래부터 비합리적인 시간이다. 내
바람 안에서의 희망대로만 살아가다 허망에 빠질 것이 아
니라, 부조리 그 자체를 받아들여 우리의 인식체계 밖에 존
재하는 그 우연성들까지 끌어안는 감각적인 삶. 니체도 말

했듯, 그것이야말로 진정한 긍정이다. 나의 희망으로 한정하고 있는 긍정을 사는 것이 아니라, 그 경계 너머로의 초월된 범주까지 긍정하는 것, 이것이 바로 아모르 파티의 기치이기도 하다.

앞서 연극의 비유로도 언급했지만, '내 삶의 주인공인 나'라는 말을 다시 해석해 볼 여지가 있다. 그 모두가 주인공인 각각의 연극이 충돌하는 세상이다 보니, 삶이란 내가 맡은 배역과 스토리 위주로 진행되는 것도 아니거니와, 그럴 바에야 스스로 규정하고 있는 배역에 대한 집착에서 벗어날 필요도 있다. 우리는 각자가 설정한 목적지향적 삶을 추구하지만, 실상 그 목적적 인식 체계의 바깥에 놓인 무규정적 세계로 내던져진 이방인이다. 그러나 차라리 이방인이라는 사실 자체를 인정했을 때, 여행자의 시선에 더 아름다운 풍경이 맺히듯, 거주자의 시선으로는 닿지 않는 또 다른 세계가 다시 발견된다. 긍정해야 할 것은 삶에 대한 오롯한 자기 주관적 신념이 아니라, 그것의 경계를 허물며 발견해야 하는 부조리이다.

65. 잃어버린 낙원

잃어버린 낙원만이 진정한 낙원이다. 회상이 과거를
구원했을 때, 시간은 그의 힘을 상실한다.

— 마르쿠제

그것과 함께했던 시간엔 정작 별 관심도 없었건만, 그것
이 사라지고 난 뒤에야 비로소 우리는 그것이 그 자리에 있
었음을 깨닫곤 한다. 청춘의 시간을 다 써버리고 나서야,
우리가 지나온 자리가 청춘이었음을 깨닫는 것처럼 말이
다. 뒤돌아보는 시간들이 그토록 미화된 이미지로 남는 이
유를, 들뢰즈의 논리를 빌려 설명하자면, 도통 해명되지 않
는 지금에 대한 대답을 아득히 멀어진 회상의 조도 속에서

찾으려는 노력이다. 내게도 그런 시절이 있었다는, 어떤 의미를 찾을 수 없도록 떠밀려 가는 나의 지금이 되찾고자 하는 이상화된 과거이다.

어쩌면 그 지점으로부터 점점 멀어지고 있는 이들 중에는, 별 다른 해석의 글이 없어도 직관적으로 저 마르쿠제의 어록을 이해하는 경우도 있을 게다. 개인적으로 프루스트의 《잃어버린 시간을 찾아서》를 많이 인용하는 이유도, 그것을 내가 꽤나 늦은 나이에 읽었기 때문인지도 모르겠다. 소설 속에서 주인공이 펼쳐놓는 회상의 서사가, 마침 내게서도 시작되고 있었던 공감의 서정이었기에….

프로이트를 향한 비판은, 대개가 개인 심리학적 성격에 관한 것이다. 그러나 프로이트도 나중에 가서는 문명에 대한 연구를 했을 정도로, 사회학적 관점을 간과하지는 않았다. 정신분석은 '본질적으로 사회학'이라 규정했던 마르쿠제는 에로스와 문명의 도식으로 설명한다. 이 도식이 유아기로부터 오이디푸스를 거쳐 사회화가 되는 개인의 역사에 적용된다. 우리는 태초의 충동을 지니고 태어나 점점 문명의 문법을 습득하면서 어른으로 자라난다. 때문에 니체와 정신분석 계열에서 유년의 시절이 관건이기도 한 것이다. 태초의 충동대로 살 수만은 없어서 사회계약을 맺은

'사회적 동물'이기에, 에로스는 문명에 의해 승화가 되거나 억압이 된다.

우리가 본능적으로 지닌 자연성은 문명에 의해 타락한다는 것이, 루소가 표방한 자연주의의 전제이다. 마르쿠제는 우리가 부단히 쟁취하려 드는 행복의 지향처가 유년 시절에 지녔던 그 자연성에 대한 회상의 속성이라는 사실을 말하고 있는 것이다. 어른으로 자라나면서, 문명적 사회의 가치를 주입받기 시작하면서 우리는 각자의 에덴으로부터 추방된다. 때문에 우리는 저마다의 '잃어버린 낙원'에 대한 레트로토피아적 열망을 지니고 있다. 정신분석에서는 다시 그 에덴에 닿으려는 열망의 승화물들을 문학과 예술로 설명한다. 그 대표적인 사례로서의 《잃어버린 시간을 찾아서》이기도 하고….

66. 존재냐, 소유냐

소유, 그것도 더 많은 소유를 최고의 목적으로 삼고, 어떤 인물에 대해 얼마의 가치가 있다는 표현이 허용되는 문화 속에서 어떻게 소유와 존재 간의 선택 따위가 가능할 것인가? 오히려 존재의 본질이 소유이며, 만일 인간이 아무것도 소유하지 않으면 그는 아무것도 아니라고 생각되어질 것이다.

— 프롬

내가 있다.

내게 있다.

국어에서도 '있다'는 용법에 따라 在와 有의 의미로 구분되지만, 서구의 언어에서도 마찬가지 경우인가 보다. 프롬은 이것이 소유 지향의 사회로 변모하면서 더불어 변모한 문법이라고 말한다. 이를테면 '너 자신을 알라'는 말이, '너 자신에 대한 지식을 가지라'로 변하고 있다는…. 언어는 그 시대와 사회의 정신을 반영하는 현상이기도 하다. 그래서 정신분석과 구조주의 철학이 언어의 메커니즘과 무의식의 상관을 연구했던 것이다.

그가 소유하고 있는 것들이 그의 존재를 대변한다. 《어린 왕자》에서 밝히고 있듯, 어른들은 '수'를 좋아하는 존재들이다. 더 구체적으로 말해 보자면 화폐로 환산된 언어들이 곧 존재를 규정하고 해명하는 함수이다. 얼마짜리의 차, 몇 평의 집, 얼마의 연봉…. 현대 소비사회에서 소유의 상징은 곧 소비의 능력이다. 우리는 소비의 행위를 통해 소유와 존재를 확인한다. 갑질이 그 비슷한 심리이기도 할 게다. 자신이 얼마나 더 지니고 있는지를 통해 자기 존재를 확인하고 싶어 하는, 그것 말고는 자기 존재를 해명할 수 없는 유치한 강박.

67. 아듀(Adieu)의 뜻과 어원

학창시절의 불어 시간에 불어 선생님이 이야기해 줬던 '아듀'의 사용법. 이는 살아생전에 다시 볼 수 없다는 뉘앙스로서의 인사라고 하셨던 것 같은…. 불어 수업을 열심히 들은 기억은 없는데, 이런 건 또 어떻게 기억하고 있는지 모르겠다.

한 해를 보내는 마지막 날에 어김없이 등장하는 단어이긴 하지만, 그 어원을 궁금해 본 적은 없었다. 그러다 데리다의 저서인 《아듀 레비나스》를 통해서 알게 되었다. 이 책은 데리다가 레비나스를 추모하며 쓴 것으로, '아듀'라는 인사말에 관해 한 챕터 정도를 할애해 놓았다. 아듀의 어원은 '신에게로(a-dieu)'라는 의미란다. 한 해 한 해, 아니 그에 앞서 하루하루, 우리는 우리의 시간을 신에게로 보내고 있는 것인지도 모르겠다. 그리고 삶의 마지막 순간엔 최대의 출력으로, 우리 스스로가 신에게로….

데리다는 말년에 '나는 매일 죽음에 대해 생각한다'고 말했다. 이런저런 철학자들이 한마디씩은 다 하는 죽음이란 주제가 뭐 새로울 게 있었겠냐만, 이때 데리다는 췌장암을 선고받은 상태였다. 조금씩 죽음 가까이로 다가가는 인생의 끝자락에서, 해체의 철학자는 마지막으로 이전까지 지니고 있던 '죽음'에 대한 관념을 해체한다.

사람은 언젠가 반드시 죽을 것이라는 것을 알지 못한다면, 살아가는 일을 실감할 일도 없을 것이다.

― 하이데거

실존철학이 공유하고 있는 삶의 동력으로서의 죽음이지만, 죽음의 과정을 직접 겪고 있는, 혹은 가까이서 지켜보는 이들에게는 그것이 생명의 본질적인 요소로 간주되지 않는다. 더 이상 추상적이지도 않고, 어떤 성찰 따위도 존재하지 않는다. 끝을 향해 가는 인생의 마지막 챕터에는 에피쿠로스도 하이데거도 없다. 사랑하는 모든 것을 여기에 두고서 떠날 서투른 채비와, 혹여 내일이 그날이 아닐까 하는 불안으로 기다리는 죽음이 있을 뿐이다. 그 애끓는 심정이 잘못은 아닐 터, 죽음에 대한 이런저런 정의보다야 차라리 '인간적인, 너무도 인간적인' 마지막 모습은 아닐까? 데리다가 사망했을 시에는, 지젝을 위시한 몇몇 철학자들이 그의 저서를 패러디한 《아듀 데리다》라는 제목으로 추모하기도 했다.

68. 독창적인 사유

　봉준호 감독의 품격이랄까? 유머와 진중함의 안배는 그가 추구하는 영화를 대변하는 듯했다. 수상 소감에서 언급된 마틴 스콜세지가 조금은 겸연쩍어 하다가, 기립박수가 이어지자 자신도 일어나 화답을 하는 모습. 서로가 서로에게 얼마나 영광된 순간일까? 그 역사적인 순간에 봉준호에게서 언급된 스콜세지와 타란티노는 상을 탄 것이나 다름없다.

　봉준호와 더불어 하루 종일 실시간 검색어에 올랐던 스콜세지, 그리고 봉준호가 언급한 그의 어록. '가장 개인적인 것이 가장 창조적인 것'이다. 언뜻 들으면 별 이야기 아닌데, 또 그 별것 아닌 철학을 실천하기가 어려워 별 볼일

없이 타자의 담론에 휩쓸려 가는 우리네 삶. 몇 달 전부터 어느 철학자의 어록에 대한 주석이 떠오르지 않아서 고민을 거듭하고 있었는데, 아카데미 시상식에서 그 단서를 찾은 것 같다.

독창적인 사유는 스스로를 들이민다. 그 역사는 그것이 용인하는 주해의 유일한 형식이며, 그 운명이야말로 그것이 감내하는 비판의 유일한 형식이다.

— 푸코

간단히 주석을 달자면, 독창적인 사유는 독자적인 길로써 시험대에 오르고 스스로를 증명한다.

69. 우리 삶의 마지막 순간

고집스러웠던 저는 이제 갑니다.

— 라캉

라캉의 마지막 말이었단다. 그냥 왠지 울컥하게 하는 한 마디. 말을 애매하게 하는 것으로 유명한 라캉인 터라, 무슨 말인지 대번에 알아듣겠는 이 경우는 꽤나 여운이 있는…. 그럼에도 이 말이 어떤 의미였을까를 곱씹어 보게 된다. 왜 그렇게까지 했을까 싶은 회한이었을까? 아니면 이런저런 비판에도 굳건히 지켜 낸 신념에 대한 자찬이었을까? 물론 둘 다였겠지?

삶의 마지막 순간에 우리는 어떤 말을 남기게 될까? 천

상병 시인의 〈귀천〉에서처럼, '아름다운 소풍'으로 회고하는 삶일 수 있을까? 세상에 남길 마지막 말을 생각해 본다는 건, 결국 앞으로 어떻게 살 것인가의 문제로 이어지는 고민이기도 할 게다. 그렇듯 죽음에 대한 고민은 곧 삶에 대한 고민이다.

얼마 전에 중학교 동창 하나가 세상을 떠났단다. 그 소식을 건너 건너 전해 들었을 만큼, 친한 사이는 아니었는데, 사인이 심장마비였단다. 녀석이 남긴 마지막 말은 뭐였을까? 그것이 마지막인 줄 모르고 남긴 마지막이었을 테고, 평소 어떤 말을 마지막으로 남길 것인지에 대한 고민도 없었을 테고….

어려서부터 내 가까이 스쳐 가는 죽음을 지켜봐야 했던 경우가 종종 있었다. 누구나가 그 정도의 경험은 다 지니고 있는데, 내가 너무 감성적인 건가? 가끔씩은 여전히 살아 있는 오늘이 감사하기도 하다. 때문에 가장 좋아하는 문구가, '살라. 오늘이 마지막 날인 것처럼'이라는…. 정말 내일 죽을지도 모를 일이니 말이다.

70. 폭력에 관한 이솝우화

빌럼 싱켈은 "폭력의 자기목적적인 성격은 모든 폭력 행위에 등장한다. 폭력은 그로 인해 무언가를 확보하려는 목적 때문이 아니라, 행위 그 자체에 내재된 매력 때문에 흔히 선호된다"고 말한다. 소름 끼치는 폭력의 매력이란 나약함, 불운함, 나태함, 초라함 같은 굴욕적인 개인의 열등감으로부터 일시적인 안도감을 끌어내는 데 있다. 천 년 전에 이솝이 쓴 우화에서도 암시된 이런 안도감이란, 항상 크고 힘센 동물로부터 도망 다니느라 언제나 겁을 먹고 있는 토끼가 풀이 죽은 채 항상 의기소침해 있는 자신을 처음 보고 겁에 질려 집으로 도망가는 개구리를

발견한 순간 느끼는 안도감과 만족감이다.

- 바우만

항상 핍박을 받아 온 자가, 자신보다 더 어려운 처지에 놓인 이들을 마주하면 그들의 피로도를 이해해 줄 것 같지만, 그렇지만도 않다는 이야기. 되레 약한 자도 기회만 주어진다면 더 약한 자에게서 강자로서의 희열을 느껴 보고 싶어 한다는 것. 고등학교에 올라와서 학교폭력의 가해자가 된 이들 중엔, 중학교 땐 자신이 피해자였던 경우가 적지 않다는 사실이 하나의 방증이기도 할 게다. 갑질 문화도 그렇지 않을까? 자신을 향한 갑질에 대해선 성토를 해 대면서도, 막상 자신도 그 자기목적적 폭력성을 누려 보니 싫지 않은 것. 하여 조금이라도 역학관계가 발생한다 싶으면, 갑 같지 않은 이들마저, 정말이지 같잖게 육갑을 하고 앉아 있는….

같은 맥락에서, 힘든 시기를 겪어 낸 이가, 힘든 시기를 겪고 있는 이에게 반드시 온정을 쏟을 거라고는 믿지 말 것. 그도 사람 나름이다. 자신은 무난하게 살아온 인생이면서도, 힘든 시기를 겪고 있는 이에게 온정을 쏟는 경우도 있으니…. 올챙이적 생각 못 하는 이들도 많고, 애초부터 개구리였던 이가 올챙이를 끌어안는 경우도 있다.

III. 생각에 관한 아주 다른 생각

71. 진솔함과 경솔함의 차이

솔직한 사람들은 자신이 원하는 결점만을 드러내려 한다. 자신이 고치고 싶지 않은 결점에 대해서는 말하지 않는다.

— 로슈푸코

니체에 따르면 개시(開示)는 필히 '은폐'를 수반한다. 진솔한 사람들이 스스로 자기는 솔직한 사람이노라 떠벌리고 다니는 것 봤나? 자신을 솔직한 사람이라고 표방하는 이들은, 자신이 정한 마지노선까지를 '굳이' 공개함으로써, 그 뒤에 감춰진 것들에 대한 가능성을 미연에 차단하는 일종의 방어 심리이다. 사기꾼들이 이런 패턴이기도 하지 않

던가. 그런 식으로 먼저 열어 놓는 건 대개 '뒤'이다.

뒤끝은 없는 성격이라며 스스로를 변호하려 드는 사람들은, 대개 자신이 싸질러 놓은 '앞'에 대한 반성은 없다. 그리고 저 자신이 상당히 솔직한 성격인 줄 안다. 그것이 솔직한 경우인지, 직설적인 경우인지, 아니면 경솔한 경우인지에 대해서는 도저히 판단 불가. 다른 사람의 앞에다 대곤 그토록 경솔하게 굴면서, 다른 사람이 자신의 뒤까지 봐주길 기대하는가? 하여 이런 캐릭터들에게 반성의 거리를 종용하는 선인들의 지혜, 밤길에 뒤통수를 조심하라는….

쇼펜하우어나 니체의 철학을 시작한 경우라, 그 금언들에 매료된 시기에 함께 읽었던 로슈푸코의 잠언집. 인간에 관한 냉철하고 적나라한 고찰이면서도, 과연 저렇기까지야 할까 싶은 과잉들도 간간이 섞여 있다. 그런데 철학자들의 말들이 그렇기도 하다. 니체의 말마따나, 결국 인간은 자아에 의해 굴절된 세계를 경험할 뿐이기에, 니체의 말조차도 일반화할 필요는 없다.

72. 이성과 감각의 속임

진리의 두 가지 원리인 이성과 감각은 각자 진실성
이 결여되어 있을 뿐만 아니라 둘 다 서로를 오용한
다. 감각은 그릇된 겉모습으로 이성을 속인다. 그리
고 감각이 이성에게 행하는 똑같은 속임수를 감각은
제 차례가 되면 당한다. 이 속임수가 반격을 가하는
것이다. 영혼의 정념들은 감각을 혼란시켜서 그릇된
인상을 만든다. 감각은 속이고 또 서로 다투어 속임
을 당하는 것이다.

— 파스칼

다이아몬드가 에메랄드보다 비싼 이유가 과연 감각의

결과일까? 그 이면에는 수요와 공급을 감안한 시장의 담론이 깔려 있고, 그것이 감각에까지 영향을 미치는 것이기도 하다. 더 아름다워서 비싸다기보단, 더 비싸서 아름다워 보이는 것. 그것들이 우리 주변에 공깃돌처럼 널려 있다면 과연 우리가 그것을 욕망하거나 할까? 생각해 보면 그것을 욕망하는 순간의 우리는 때로 철저히 이성적이다. 그것 자체에 대한 미적 욕망이라기보단, 그것을 통해 얻을 수 있는 일련의 효과들을 계산한 결과이다.

물론 파스칼은 감각의 폐해에 대해서도 언급하고 있다. 그러나 근대에 이르기까지도 이성만능주의로 흘러온 서양의 지성사였기에, 후대에 돌아본 이 어록에서는 이성에 대한 지적이 유의미이다. 이에 대해서는 훗날 흄과 칸트에 의해서 본격적인 논의가 이루어지며, 니체와 정신분석의 등장한 이후, 철학에서도 이성이란 키워드의 존재감은 다소 뒤로 밀려난 형국이다.

하여 주구장창 데카르트와 칸트의 시기에 머물 것이 아니라, 세계대전 이후의 현대철학을 읽어 볼 필요도 있다. 지금의 시대가 고민하는 문제에 대한, 지금의 상식과 가장 가까운 철학들이기에…. 현대인들이 짊어진 이러저런 삶의 문제를, '생각하기에 존재하는' 명제와 순수 이성에 관한 비판으로 다 해명할 수도 없는 법, 요즘엔 철학도 시장 경제에 관한 정신분석적 해석을 구비하고 있어야 하는 실정이다.

73. 모든 걸 의심하라!

의심할 수 있는 모든 것을 의심하라!

— 데카르트

근대를 열어젖힌 데카르트의 방법적 회의는 스스로를 의심하는 것에서부터 시작한다. 내 머릿속에 악마가 들어와 있어서 내 대신 생각을 하고 있는지를 어찌 아는가? 내가 지금 합리적이라고 생각하는 것들이 되레 미친 판단임을 어찌 알 수 있을까? 그러나 적어도 그런 반성적 거리를 확보했다는 것은, 적어도 사유의 행위를 하고 있다는 의미이다. 이로써 사유 주체의 존재까지 해명하는 명제가 탄생하니, 그 유명한 '코기토(cogito, ergo sum / 나는 생각한다. 고로 존재한다)'이다. 물론 이 논증부터가 많은 후학들의 논리적 반박을 불러일으켰지만, 데카르트가 영원히 고통받는 지점은 '악마'보다는 '신'에 관한 언급이었다. 모든 것을 의심하라던 그가, 신에 관해서만큼은 시대의 한계를 극복하지 듯한 모습을 보인 것이다. '신은 존재하지 않는 것으로 생각될 수 없는 것이기 때문에 신은 필연적으로 존재한다'며….

경험론이 합리론을 비판한 대표적인 근거는, 합리론이 자신들의 전제를 의심하지 않았다는 점이다. 그저 그 전제로부터 증명이 될 뿐이다. 이를테면 신의 이데아라는 것이 정말로 존재하는지의 여부에 대해서는 왜 의심하지 않는가를 묻고 있는 것이다. 경험론 입장에서는 그런 전제는 논증의 결과로써 얼마든지 오류로 판명날 수 있는 가설의 성격일 뿐이다. 이런 경험론의 비판을 대표하는 철학자는, 흔히들 알고 있듯 베이컨이다. 그리고 경험론의 입장을 대표하는 그의 어록은 이것이 아닌가 싶다.

만일 확신을 가지고 무엇인가를 시작한다면 의혹으로 끝날 것이다. 그러나 의혹을 가지고 시작한다면 확신으로 끝날 것이다.

— 베이컨

경험론자들 중에는 진보적인 신학자들이 포진되어 있었다. 그들의 신념 안에서는 한낱 인간의 지평으로 상상해 낸 신을 전제하는 것 자체가 불경스러운 일이었다. 때문에 인간의 지평이 가닿을 수 있는 곳까지가 신의 일부이고, 그 이상은 무지의 영역으로 남겨 두는 것이 인간의 겸허함이라고 생각했던 것이다. 그런데 이것이 스피노자의 철학이기도 하다. 흄 같은 경험론자는 스피노자의 합리를 기꺼이 수용한다. 그리고 그것이 칸트에게로 이어지니, 합리론과 경험론의 종합이라는 철학사적 의의가 된다.

74. 철학을 배우는 방법

나에게 철학을 배울 것이 아니라, 철학하는 것을 배우라!

— 칸트

합리론과 경험론의 종합이라고 일컬어지는 칸트의 주요 화두는 보편의 도덕 원리이다. 그러나 그의 사이드 메뉴는, 어찌 보면 보편의 대척이라고 할 수 있는 '구성'의 주제이다. 똑같은 사건을 바라보는 각자의 인식이 서로 다르듯, 각자가 지닌 선험의 지력과 경험의 시간으로 가닿는 세계도 각자가 구성한 세계관으로 해석하는 결과이다.

물론 그 안에 보편적 요소들이 자리하고 있긴 하지만, 각자의 정체성은 그 보편의 요소들이 아닌 편차들의 성격들로 구분되는 것이 아니겠는가. 이 주제가 니체에게서 '관점'이 되는 것이고, 후설에게 가면 '지향성'의 담론이 되는 것이고, 하이데거에서는 '존재와 시간'이 되는 것이고… 철학사 역시 그런 '철학소'의 편차들로 잇댄 시간이다. 역동적인 철학의 문법을 한 꺼풀 벗기고 나면, 실상 그 주제가 그렇게까지 다양하지도 않다. 궁극으로 가면, 우리 삶의 모습들이 또 그렇게까지 다채롭지는 않은 것처럼….

전공자 입장에서 서양철학에 대한 동양철학을 말해 본다면, 저 역동의 방법론이 다소 부족한 것이다. 그런데 그것이 결핍의 성격이냐, 아니면 동양 특유의 여백으로 본질을 드러내고 있는 것이냐의 판단은, 공부하는 이들의 취향 차이일 뿐이다. 니체가 말했듯 진리는 미적 취향인 터라, 서양화를 좋아하느냐 동양화를 좋아하느냐의 차이와 같은 맥락이다.

그 철학의 문장이 어떤 문체인가보다는, 차라리 그 문장을 삶으로 살고 있는가의 문제. 이것이 칸트의 실천 철학이 지적하는 바이기도 하다. 하여 철학자들의 언어에 갇힐 것이 아니라 너 자신의 삶으로 밀고 나아가야 한다는 것. 데카르트의 '연장'과 스피노자의 '양태' 개념을 아는 것이 우리가 살아가는 일상에 무슨 도움이 되겠는가? 그들이 그것을 말했다는 사실보다 중요한 건, 그들이 그것을 왜 말했는가에 대해 질문을 던져 보는 일이 아닐까? 그리고 스스로 그 대답을 구성해 보는 일, 그런 삶의 태도가 '철학하는 것'일 테고….

75. 예술과 철학과 삶

모든 관계의 밖에서 그것과 독립하여 존재하는, 유일하고 본래적으로 세계의 본질을 이루는 것을 고찰하는 것. 그 어떤 변화에도 종속하지 않고, 따라서 그 어떤 시대에도 동일한 진리성을 갖고 인식되는 것을 고찰하는 것. 한마디로 의지의 직접적이며 적합한 객관성을 이루는 이념을 고찰하는 것. 그것은 어떤 종류의 인식인가? 그것은 예술이다. 천재의 작품이다.

— 쇼펜하우어

불교의 유식론(唯識論)에서는 의식의 기저에 자리한 '마나야식'과 '아뢰야식'이란 게 있다. 이걸 프로이트의 용어로 바꾸면 전의식과 무의식 정도의 싱크로율이다. 즉 프로이트의 정신분석은 인도철학에서 팁을 얻은 경우이다. 그런데 프로이트 관련 저서들을 읽어 봐도 이런 정보가 잘 적혀 있지 않는 이유는, 정신분석이 이미 당대에 유행하고 있었던 담론이기 때문이다. 즉 정신분석의 용어는 프로이트가 정리했을망정 정신분석의 영역 자체를 프로이트가 창안한 건 아니다.

인도철학과 정신분석의 가교 지점이 되고 있는 철학이 쇼펜하우어와 니체다. 특히나 프로이트는 니체의 철학을 일부러 읽지 않았단다. 자신이 심혈을 기울여 연구한 결과물들이 니체가 철학적 직관으로 써내린 페이지들과 별반 다르지 않았다는, 약간의 자괴감으로 니체의 천재성을 인정하기도 했다. 그런 니체가 철학에 발을 들이게 된 단 하나의 동기, 나중에 가서는 결국 결별을 고하지만 또 한동안은 자신이 그를 넘어설 수 없다고 고백하기도 했던 또 한 명의 천재, 쇼펜하우어는 아예 인도철학을 자신의 베이스캠프로 삼아 칸트의 철학을 개진한 경우이다.

다시 칸트로부터 설명하자면, 실상 칸트의 철학 자체가 불교의 유식론과 크게 다르지 않은 도식이다. 칸트의《순

수이성비판》은 세계를 인식하는 이성과 세계 그 자체의 관계를, 이를테면 공(空)으로 이해하며, 당대까지 이성에 부여했던 객관성의 명분을 비판한 것이다. 쉽게 말해 아무리 객관적으로 인식하려 해도, 그 시선에 일말의 주관이 섞여 들지 않을 수 없을뿐더러, 이성이라는 명분도 결국 지평 안에서의 인과라는 것. 또한 이성만으로는 잘 해명되지 않는 감흥과 충동에 관한 이야기를《판단력비판》에서 다루고 있는 것이다.

그런 감흥과 충동이 우리가 삶에 있어서 이성보다 더 본질적인 요소라는 쇼펜하우어의 전제는, 인도철학에서 영감을 받은 것이다. 그리고 정신분석과의 접점이 바로 '생식기의 의지'이다. 쇼펜하우어의 '의지' 개념은 무의식의 영역을 포괄하는 개념이다. 그러니까 꼭 '성욕'에 한정된 주제라기보다는, 우리가 지닌 생의 의지가 신체에서 발원한다는 함의이다. 이로써 스피노자까지 당겨 온다. 이를 건네받은 니체는 아예 '몸이라고 하는 커다란 이성'으로 규정했고, 프로이트 쪽으로 가면 '에로스'의 담론이 되는 것이다. 그러나 아직은 칸트의 영향권에 있던 쇼펜하우어였던 터, 그에게도 이성은 중요한 주제였다. 그런 의지의 충동들을 이성으로 절제하면서 살아가는 관조적인 삶을 추구하는 것이 이상적이겠지만, 말 그대로 쉬이 가능할 수 없는 이상의 경지이며, 그 이성의 이상에 가장 근접해 있는 인식의 형태를 예술로 설명한다.

인도철학에서 영감을 받은 쇼펜하우어에게 어차피 인생은 고(苦)다. 제아무리 이성과 이상을 들먹여 봤자, 사랑이라는 화려한 절망 하나에 무너지는, 또 그런 게 삶이지 않던가. 그래서 쇼펜하우어가 그렇게 냉소적이었던 것이기도 하지만, 그만큼이나 위선이 없었던 솔직한 철학자이기도 했다. 어차피 이상의 지점에 가닿는 것이 불가능하다면 그 승화방략이라도 있어야 하지 않겠나? 그 궁극의 승화방략이 예술이란 것. 프로이트에게서도 예술은 욕망의 승화방략으로 제시된다. 결코 합리적이고 논리적인 서사로만 잇대어지지는 않는 삶, 그리고 결코 다 충족하면서 갈 수만도 없는 욕망, 그 승화의 대안으로 제시되는 예술의 가능성이다.

76. 타부와 문화

프레이저의 《황금가지》에 나오는 내용. 인도의 어느 지역에서는 부족장들이 대화를 나누는 동안에는 누구도 물렛가락을 돌려서 안 된다고 한다. 누군가 물렛가락을 돌리면 대화가 계속 헛돌기만 한 채 결코 어떤 결론도 맺지 못한다고 믿었기 때문이라고…. 참 비논리도 이런 비논리가 있을까 싶지만, 대학에 붙으라고 엿칠, 떡칠을 하는 우리는 또 뭐가 그렇게 논리적이란 말인가.

프레이저의 연구에 따르면, 이렇듯 잘못된 '관념 연상'에서 비롯된 타부가 원시사회에서는 주술적 성격을 지녔었다고 한다. 그 타부를 지탱하는 힘, 즉 마나(mana)가 샤먼의 정치적 힘과 결합하였을 경우에는 흑주술이 된다. 주술적 신앙을 지닌 부족사회에서는 실수로 타부를 범한 사람이 불안에 떨다가 정말로 죽는 일이 있기도 했다는데, 오늘날의 뇌과학에서도 자율신경계의 손상으로 설명이 되는 증상이란다.

타부의 유래는 종교와 같은 성격이다. 현상에 대한 어떤 원인이 밝혀져야 하는데, 과학적 사고보단 신화적 스토리텔링으로 살아가던 원시사회에서는 일단 그 원인을 대리할 수 있는 금기를 설정하고 그것을 어겼기 때문에 이런저런 현상이 일어났다고 믿었던 것. 그러니까 어떤 상관으로 확인된 성격이어서가 아니라, 일단 설정부터 해놓고서 상관을 만들어 가며 전승하는 징크스였다.

원시사회에서는 이런 타부의 기능이 꽤나 중요했단다. 타부는 계율보다도 강력한 힘을 발휘한다. 율법은 '나 하나쯤이야' 하고 어기는 경우가 있을 수 있지만, 그것을 하면 '부정 탄다' 혹은 '재수 옴 붙는다'의 전제가 있으면 여간하면 저지르지 않게 된다. 때문에 사회 통합과 질서유지의 도구로서 필요한 미신이기도 했다. 물론 정치적으로 왜곡이 된 경우도 많이 있었고….

타부는 어떤 권위로부터 강요되고 인간의 강한 욕

구를 제한하는 원초적 금지이다. 따라서 타부를 범하고자 하는 마음은 누구에게나 무의식중에 남아 있다. 타부에 복종하는 인간은 타부와 대립하는 자와는 달리 상반되는 감정의 양립을 받아들이게 된다.
　　　　　　　　　　　　　　　　　　　－ 프로이트

　프로이트가 가장 애착을 지녔던 저작물은 《토템과 타부》였단다. 그를 대변하는 키워드인 '오이디푸스'를 설명하는 가장 인문학적인 근거이기도 할 테고…. 앞서 프레이저와 함께 '관념 연상'을 언급했지만, 프로이트에게서도 이런 비약이 줄곧 비판의 대상이었다. 이를테면 유니콘의 뿔은 남근을 상징하는데, 그 형태의 유사성 이외에는, 왜 이것이 그것을 상징하는지에 대한 설명이 명확하지 않다. 그 이후가 설명될 뿐이다. 프로이트의 저서들을 읽어 보면 정말 이렇게 해석해도 되는 건가 싶은 페이지들이 꽤 있다. 융과 같은 후학들의 연구는 그 결여를 채우려는 노력이었지만, 프로이트는 저 자신의 이론을 불가침의 영역으로 고집하다가, 나중에 가서야 문화인류학적 방법론을 병행하며 일부의 견해를 수정한다.
　이미 몇 세대를 거친 정신분석인 터라, 이젠 프로이트의 위상이 그렇게 절대적인 것도 아니다. 프로이트 자체도 비판의 여지가 있는데, 더 문제는 프로이트를 향한 과잉의 충정들이 관념 연상의 방법론을 너무 남용한다는 사실이다. 오목하게 들어간 곳만 있으면 죄다 어머니의 자궁으로 해석하고, 볼록하게 솟아 나온 것만 있으면 아버지의 남근으로 해석하는 버릇. 그들은 콘센트에 플러그를 꽂으면서는 무슨 생각을 할까? 가전제품들이 지닌 오이디푸스 콤플렉스?

우리나라 표기로 '터부' 혹은 '타부'인 금기의 개념은, 폴리네시아 쪽에서 유럽으로 전해진 것이라고 하는데, tapu의 발음이 각 나라의 표기법으로 분화한 것이 영어에서는 taboo가 되었다는 설이 가장 유력하단다. 타투(tattoo)의 어원도 이쪽 계보라고…. 무엇을 터부시하는가는 그 집단이 지닌 불안의 속성이기도 하다. 타부는 그 사회를 경계 짓는 문화이기도 하며, 시대에 따라 예전의 금기가 깨지기도 한다. 저기서는 금기인 것이 여기서는 향유의 대상이기도 하고, 예전에는 금기였던 것이 오늘날에는 다양성으로 존중받기도 한다. 예전과는 달리 요즘의 타투가 우리나라에서도 금기의 영역으로 여겨지지는 않듯….

77. 훼방꾼의 훈수

진정한 이웃은 죽은 이웃이다.

— 키에르케고르

어록 자체가 그렇게까지 멋드러진 경우는 아니지만, 담고 있는 의미는 한번 곱씹어 볼 만하다. 이 어록의 앞뒤를 잇는 맥락은 측근의 오지랖을 경계하라는 것이다. 지나간 날들에 우리가 했던 사랑을 돌이켜 보면, 그 사람을 사랑함에 있어 1차적 훼방꾼들은 그 사랑에 갖은 훈수를 쏟아내던 측근들이었다. 비극은 내가 사랑했던 그 사람 곁에도 그런 측근들은 있었다는 것. 사랑이라는 게 언젠가부터는 사랑의 당사자들보단 그 주위를 겉도는 담론끼리 충돌을 한다. 나에게는 그토록 단호할 것을 종용하는 이들이, 저 자신의 사랑에까지 단호한 경우를 봤는가? 물론 사랑이라는 게, 조언자들 스스로에게서도 가능하지 않은 그 조언을 따르게 되는 감정도 아니거니와, 그 말을 따랐다가 어긋날 사랑이라면 실상 인연도 아니었던 것이다.

키에르케고르의 '실존' 개념은 성급한 일반화에 휘둘리지 말라는 함의이다. 현상을 마주하고 있는 각자의 입장에 따라, 세계에 대한 인식과 해석도 달라지는 법. 하여 '단독자'의 자세로 진리의 방향성을 고심하라는 이야기. 측근들의 조언이란 게, 대개 '나 같으면 그렇게 하지 않겠다'는 뉘앙스이지만, 실상 같은 상황에 놓이면 그들도 별반 다르지 않다. 한 발자국 뒤에서 지켜보는 이들에겐 뭐든지 쉬워 보이고, 자신의 생각대로 하면 뭐라도 될 것처럼 확신에 차 있다.

이놈은 이게 맞다고 하고, 저놈은 저게 맞단다. 그들끼리도 서로 다른 견해이지만, 나의 의지에 반하는 같은 방향성이란 이유만으로 그들은 쉬이 화합을 이루어 낸다. 한놈의 견해를 따르려 해도 저놈의 견해는 따를 수 없는 상황. 이놈을 따른 결과가 실패라도 하면, 저놈이 또 한 소리를 늘어놓는다. '것 봐 내 말대로 안 하니까 그 모양이지'라며…. 저놈의 말을 따랐어도 그 결과가 어찌 되었을지 모를 일이지만, 그 결과가 확인되지 않았다는 사실이 저놈의 확신을 공고히 한다.

지금 이 순간의 결단이, 앞으로 나의 삶을 어떤 방향성으로 이끌 것인가의 고민 속에 느끼는 불안은 당연한 것이다. 때문에 실존의 계보들이 이 '불안'을 주제적 결단의 자연스러운 과정으로 보고 있는 것이다. 해봐서 잘 되면 좋은 것이고, 안 되면 그만인 이들에게 불안이 있을 리도 없다. 그래서 제3자의 조언 속에 불안은 없고, 확신만 그득한 것이다. 실상 그들 자신도 확인해 보지 못한 가설을 내 비용을 들여 시험해 보라 권고하는 무책임함인 경우가 대부분. 물론 악의가 있어서 그런 것이야 하겠냐만, 또 그렇게까지 선의도 아니라는 거. 물론 스스로도 먼저 숱하게 반성을 해봐야 할 일이고, 타인의 의견에도 열려 있어야 하는 일이지만, 누구를 원망할 수는 있어도 누구도 대신 책임질 수 없는 선택의 최종 결정자는 결국 자기 자신이라는 거.

78. 생각의 인프라

철학자란 체계를 생각하는 사람이 아니라, 문제를 생각하는 사람이어야 한다.

– 니체

니체의 철학은 체계가 없기로 유명하다. 세계를 체계적으로 규명하기보다는, 삶의 구체적인 현장성에 초점을 맞춘 철학이다 보니…. 체계는 효율성의 방법론이기도 하지만, 때론 그 효율의 명분에 기댄 관성이고, 보다 심한 경우에는 타성이며, 최악의 경우 맹신의 이데올로기로 치닫는 환상이다. 때문에 니체의 계보로 분류되는 현대철학들은 그 관성으로부터 벗어날 것을 강변하고 있는 것이다.

문제 자체에 대한 내밀한 분석보다는, 문제의 성격이 어떻든 간에 자신이 알고 있는 방법론을 들이미는 순간이 허다한 우리네 삶. 질문을 던지기보단 대답할 준비가 되어 있다. 심지어 질문이 던져지지 않았음에도 대답부터 하려드는 꼰대적 순간들도 적지 않고…. 독자들은 간단하고 명료한 대답이 찾아지길 원하고, 저자마다 그 대답을 자신이 건네길 욕망하는 서점가의 풍경도, 그런 체계의 명분에 기댄 관성일 게다. 특히나 우리 사회가 매 순간 돌아봐야 할 생각의 인프라가 아닐까?

　데카르트가 그렇게 말했기 때문에, 프로이트가 그렇게 말했기 때문에 그렇게 해야 한다는 생각은, 니체의 지적대로라면 철학자의 자세가 아니다. 데카르트가 왜 그렇게 말했는가에 관한, 프로이트가 발견한 것을 그와는 달리 이렇게 생각해 볼 수도 있지 않을까에 대한 질문을 던져 보는 것부터가 철학의 시작이 아닐까? 니체는 이런 질문으로부터 시작되는 그들 각자의 '해석'을 철학으로 정의했다. 하긴 니체가 그렇게 말했노라 쓰고 있는 이 글도 철학의 성격은 아닐지 모르겠다.

79. 철학의 신비

일반적인 생각 속에서는 세상에서 가장 당연한 지식이, 철학에서는 갑자기 신비로서 우뚝 서게 된다.

– 후설

후설이 지적하는 역사주의로 예를 들자면, 당대에 진리로 여겨지던 가치들은 당대의 시대성을 벗어나지 못한 채 당연시 되던 것들이었다. 이를테면 지금이야 우리의 감각과는 별개로 지동설이 상식적이지만, 감각에만 의지한 결과라는 사실을 알지 못했던 시절에는 천동설이 상식적이었다. 이 감각의 논리에 '절대'의 명분으로 이성과 신앙의 시대성이 들러붙어 천동설을 지켜 냈다는 아이러니. 마르크스의 표현을 빌리자면 어떤 천재도 시대의 한계를 넘어설 수는 없는 법, 그러나 또한 그 시대가 당연시 하던 것들에 의심을 품은 결과로 그 경계 너머를 내다본 피타고라스였고, 마르크스였고, 니체였고….

당연시되는 것들이 왜 당연시되고 있는가에 대한 의심으로부터 철학이 발생한다. 따지고 보면 다른 분야들도 별다르지 않다. 그렇듯 발상의 기지는 철학적 사고를 관통하는 성격이다. 때가 되면 사과가 땅에 떨어지는 것이, 일반인들의 계절 감각에서 의심해야 할 일이겠는가? 그걸 당연하지 않게 생각한 이가 중력 개념으로 천상을 설명하기에 이른 것이다. 당연할 걸 당연하지 않음으로 증명하려다 보면 되레 그 설명은 다소 복잡해진다. 철학의 언어들이 그토록 어려운 이유이기도 하다.

'ㄱ(기역)'이라고 부르는 자음과 'ㅏ'로 표기하는 모음이 만나서 '가'가 되는 건, 한국인에게는 지극히 당연한 일이다. 그러나 이것에 대해 '왜?'라고 묻는다면 어떻게 설명해야 할 것인가? 우리도 처음엔 자모의 종류와 그 조합의 사례를 무조건 외우면서 익숙해진 언어이기에, 한 번도 그 '왜?'에 대한 답변을 생각해 본 적이 없었다. 막상 설명하려면 음운학을 들먹여야 할 정도로 결코 쉽지만은 않은….

철학의 질문은 '당연' 뒤로 은폐되어 있는 것들을 향한다. 그리고 그걸 당연의 언어로는 설명해 내기가 쉽지 않은 것, 그래서 당연하지 않은 언어로 설명하다 보니, 결국엔 이 말인 것을 왜 저토록 어렵게 늘어놓고 있나 싶은 것이기도 하다. 막연한 관심으로 철학의 텍스트를 집어 들었던 이들이 아연실색을 하고 돌아서는 이유이기도 할 터, 그러나 또 쉽게 이해가 되는 개념이라면 그만큼 매력도가 떨어지는 것 아니겠나? 당연하지 않을 정도로 조금 더 들이는 이해의 노고까지가 철학인지도 모르겠고….

80. 과학과 철학과 시간

철학은 생성 일반에 대한 깊은 통찰이요 진정한 진화론이고, 또 과학의 올바른 연장이다.

— 베르그송

베르그송은 다윈의 진화론을 자신의 철학에 적용해 당대 실증주의를 비판한다. 무시간적인 관찰로 정식화한 과학적 명분을 인간의 삶에 들이댄다는 이유에서였다. 이를테면 행동주의 혹은 인지주의 심리학에 가해지는 지적과 같은 맥락이다. 통제된 실험조건 혹은 한정된 표집의 평균치를 개개인의 시간에 적용할 수 없다는 이야기.

임용고사를 준비하다 보면 교육심리 영역에서 행동주의

와 인지주의, 형태심리학은 결코 틀려서는 안 되는 문제들이다. 그 밖의 것들에서 한두 개 정도 틀릴 수 있는 가능성을 열어 두어야 하기 때문에…. 그렇게 달달 외운 지식을 가지고서 현장에 투입되면, 그 이론과 맞아 떨어지는 현실의 장면들이 얼마나 되겠는가? 하여 저마다 효율성을 확인한 노하우를 쌓아 가면서 점점 그 방식만을 고집하는 꼰대가 되어 가는 것이기도 하다.

베르그송은 진화의 조건으로서 우연적 사건을 주시한다. 개인의 성향이 다른 이유는 각자에게 축적되어 있는 시간의 결이 다르기 때문이다. 그리고 내 안에 흐르는 시간의 성질이 바뀌는 것은, 그 결 밖에서 도래하는 우연적 사건들로 인해서이다. 자아란 언제나 그런 맥락 안에서 유동적인 양상이다. 그리고 이것이 '실존'의 의미이기도 하다. 때문에 실존의 계보들이 전체를 대변하는 표집을 거부하고 개개인의 주체성에 포커스를 맞추는 것이다. 그런 시간성의 요소까지 감안하는 것이 올바른 과학이기도 하다는 베르그송의 주장은, 상대적이고 양자(量子)적인 현대과학이 증명하고 있는 바이기도 하지 않던가.

베르그송 - 들뢰즈 계보의 주요 키워드는 '생성'이다. 그리고 우연성의 조건들이 그 생성의 동력이기도 하다. 우연

이란 나의 신념과 체계 밖에서, 나의 안정성을 무너뜨리며 다가오는 제어 불가능한 사건이다. 대표적인 사례가, 사르트르가 '지옥'으로 표현한 타인이다. 타인은 나와 다른 규칙을 지닌 존재들이다. 그러나 나를 자극하는 혹은 나를 반성하게끔 하는 타인의 영역은, 그곳을 넘어다보고 그것을 들여다봄으로써 나에게서 새로운 규칙을 발생시키는 지점이기도 하다.

보다 진화한 자신의 미래는 자신의 바깥에서 우연의 모습으로 기다리고 있는지도 모를 일이다. 들뢰즈의 표현을 그대로 쓰자면, 내 안에 잠재되어 있는 것은 나의 밖에 존재한다. 내 안에 잠재되어 있는 미래는 지금과는 전혀 다른 결의 시간을 통해 구현된다. 하여 나는 나로 살겠다는 뚝심의 신념도 닫힌 체계로서의 체념일 가능성이 있다. 우연에 나를 열어 놓고서 살아가는 것과 그저 자기 필연에 갇혀 살아가는 것의 차이. 베르그송의 표현을 빌리자면 시간적 삶과 공간화된 삶을 살아가는 차이이다. 시간은 생동하는 것들 사이를 흐른다. 한 공간에만 머무는 것들은 대개가 죽어 있는 것들이다.

81. 지식의 품격

마르크시즘은 철학적 개념의 히말라야 산맥이지만,
히말라야에서 뛰어노는 꼬마 토끼가 계곡의 코끼리
보다 더 크다고 믿어서는 안 된다.

― 루카치

현대철학은 기본적으로 니체와 프로이트, 마르크스의
코드를 꿰고 있는 형국이다. 이젠 사조를 묻는 것이 별 의
미가 없을 만큼 철학이 찌그러든 시절이기도 하다만, 꽤 오
랜 세월 동안은 지식인들이라면 누구나 욕망하는 키워드
가 프로이트의 오이디푸스와 마르크스의 변증법적 유물론
이었다. 그러다 보니 마르크스에 대해 공부한다는 사실 자

체를 자기 지평의 논거로 삼는 '마르크스의 유령'들이 꽤나
극성이었던 듯.

골수 마르크스주의자였던 루카치는, 밀도 낮은 마르크
시즘을 지평의 근거로 삼는 지식인들이 탐탁지 않았던가
보다. 실상 이는 마르크스 자신도 비슷하게 겪은 문제이
다. 오죽하면 저 자신은 마르크스주의자가 아니라고 자평
했을 정도로⋯. 정신분석 영역에서도 마찬가지였으니, 프
로이트의 대한 오해는 대개 프로이트를 설 이해한 프로이
트주의자들의 극성에서 기인한다.

독서 커뮤니티에 참여하거나 인문학 관련 블로그를 운
영해 본 분들은 한 번쯤 해봤을 법한 경험일지도 모르겠
다. 철학에 심취해 있는 이들 중에, 은근히 말 안 통하는 경
우가 제법 있다. 관계의 문제에도 서툰 이들이 철학을 이
상화하면서 그곳으로 숨어드는 듯한⋯. 그들은 도대체 철
학을 통해 무엇을 배우고 있는 것일까? 철학을 즐겨 읽는
이들 모두가 철학적 사고를 하는 것은 아니고, 인문학을 즐
겨 읽는 이들 모두가 인문학적 사고를 하는 것도 아니다.
또한 자신이 읽은 브랜드가 곧 자신의 지평 수준을 증명하
는 것도 아니다.

82. 우연적 감흥

때로는 진지한 숙고보다 횡경막의 발작이 우리에게
더 많은 지혜를 주는 법이다.

              — 벤야민

자판 앞에서 내내 붙잡고 있어 봐야 잘 써지지 않은 어
떤 주제에 관한 글이, 어떤 풍경과 그림을 본 이후에는 술
술 써내리는 경우가 있다. 때로 논리적 숙고는 그토록 무
능하다. 예상치 못한 방향에서 갑작스레 치고 들어오는 감
흥은, 되레 그 충만의 느낌을 다 표현하기에는 너무도 모자
란 내 무능함을 일깨워 준다. 숙고라는 것도 지금 당장에
가능한 지평 내에서의 반복이다. 때문에 그 경계 밖으로의

탈주와 변주가 가능하지 않은 것이기도 하고…. 그렇듯 어떤 깨달음은 나의 밖에서 도래하는 우연이 담지하고 있기도 하다.

아도르노에 따르면, 아름다움이란 유기적인 것이 아닌 모순의 긴장에서 온다. 아름다운 풍광을 마주하고서, 그것이 왜 아름다운 것인지 대한 합리적 이해를 들먹이는 사람들이 있을까? 무엇인지는 모르겠는데 일단 끌려가는 경외감 같은 것, 그걸 언어로 표현할 수 있는 최대치가 '아름다움'이란 형용인 것뿐이지. 들뢰즈의 말마따나 풍광은 언어에 머무르지 않는다. 어쩌면 미학이란 장르 자체가 아름다움의 대척에 있는 성격인지도 모르겠다. 아는 것으로 아는 대로 다가가는 게 아닌, 다가온 후에야 다가온 대로 느끼게 되는 것. 그런 걸 미적 체험이라고 할 수 있지 않을까? 그런 면에서 미학은 아름다움의 전도된 가치이다. 아는 만큼 보이기도 하지만, 아는 만큼밖에 보지 못하기도 한다. 실제로 화가 분들 중에는 말로만 털어 대는 미학의 글월들을 싫어하는 경우도 꽤 있고….

우리가 평소 간직하고 있던 이상형과 사랑에 빠지는 것도 아니다. 내가 좋아하는 스타일도 아닌데, 내가 왜 저 사람 때문에 이토록 가슴이 아파야 하는 건지 도통 이해되지 않는 상황, 그런데 사랑이란 게 어디 이해만 갖고 되는 일이던가. 인생의 미학이란 것도 그렇지 않을까? 내게 익숙한 결대로만 고집하며 살아가기에, 우리의 오늘이 어제와 다르지 않은 것이기도 하다. 그렇듯 우리는 대부분의 시간을 어제의 기억에 기대어 살아간다. 그러나 우리의 내일은 우리의 어제가 이해할 수 없는 가치와 함께 도래한다. 그런 모순의 긴장으로 다가온 그 사람으로부터 나뉘는 이전과 이후의 시간처럼….

83. 생각의 레시피

특정한 설탕 하나를 분석하기보다는, 여러 종류의 설탕을 제조할 때 설탕에 관해 더 많은 것을 알 수 있다.

— 바슐라르

엄마가 밥상을 차리는 레시피, 김밥천국을 운영할 수 있을 정도의 레시피, 백종원의 레시피, 혹은 예능프로에 출연하는 셰프들에게 체화되어 있는 레시피. 하나의 요리만 할 줄 아는 요리사들이 있나? 다양한 레시피를 배우는 과정 속에서 재료에 대한 지식도 넓어지고, 그중에 하나가 특화되는 것이지.

철학의 레시피도 마찬가지다. 단절로 잇대는 철학사가 아니기에, 헤겔의 '정신'과 '현상'에 관한 이야기를 읽다 보면 셸링의 '이성'과 '자연'이 이해가 되기도, 그것은 다시 스피노자의 '능산'과 '소산'의 도식으로 이해되기도 한다. 이는 동양학 전공자의 입장에서 서양철학을 공부하며 경험한 바이기도 하다. 《도덕경》에 이해가 가지 않았던 부분이 사르트르의 《존재와 무》를 읽다 보면 이해가 되기도 하고, 《맹자》에서 이해가 되지 않았던 구절은 플로티누스의 유출설로 이해가 되기도 하고…. 때문에 이런 철학도 저런 철학도 읽어 볼 필요가 있다. 하나로의 특화도 그 속에서 가능한 것이지, 노상 한 철학자의 생각만 읽는 것과 같겠는가?

철학의 영역에 한정되는 이야기만도 아닐 터, 하나의 영역을 제대로 알기 위해서라도 그와 관련된 열 가지 영역의 지식이 있어야 한다. 다르지 않은 맥락에서, 하고 싶은 한 가지를 하기 위해서라도 하기 싫은 열 가지를 해야 할 때도 있다.

84. 다른 삶의 규칙

'잘 하는 짓이다!' 혹은 '놀고 있네!'의 문장이 결코 good 과 play의 의미는 아니지 않던가. 비트겐슈타인의 후기 언어철학은 이런 맥락에 관한 주제이다. 단어의 의미는 고정되는 것이 아니라 맥락에 따라 언제든지 바뀔 수 있다. 그렇듯 본질이라는 건 미리 지정되는 성격이 아닌 맥락 속에 규정된다는 전제가, 니체 이후로의 현대철학을 아우르는 것이다.

물론 니체 이전에도 이런 사유들이 없었던 것은 아니다. 다만 니체 자신이 살아생전에는 비주류로 분류되었을 만큼, 플라톤의 계보들이 워낙 권력적 지식의 입지였다 보니…. 관점의 개별성과 우연적 요소들의 복합적 작용을 인정하는 계보를 소위 '니체주의'라 하고, 그 대척의 성격을 흔히들 '플라톤주의'라고 부른다. 본질로서의 이데아, 그 절대 진리의 자리가 존재한다는 것. 물론 경우에 따라서 얼마든지 수긍할 수 있는 논리이고, 그 나름의 정합성을 갖기는 하지만, 그 위험성을 증명한 대표적인 사례가 비트겐슈타인의 초등학교 동창이었다.

본질을 주장하는 담론들이 왜 문제가 되는가 하면, 그 안에서 우열과 배제의 명분이 발생하는 경우가 있기 때문이다. 이를테면 여전히 잔존하는 인도의 카스트 제도 같은 경우, 정말로 브라만과 수드라의 본질이 따로 있을 리 없지 않은가. 그러나 플라톤도 아리스토텔레스도 노예제도에 관해서는 별 이견이 없었다. 심지어 '마땅한' 것으로 '증명'하기도 한다. 본질에 관한 히틀러의 신념에도 독일민족의 우월성이 자리하고 있었다. 아울러 혈액형과 성격의 상관을 설명하는 담론이 등장한 시기이기도 하다. 게르만 민족은 피부터 달라야 했던 것이다. 이걸 일본이 가져다 쓴 이후로 오늘날까지도 극동 아시아의 대중들에게서는 은근히 유효한, 본질에 관한 미신이기도 하다.

타자는 나와 삶의 규칙이 다른 존재이다.

후기 비트겐슈타인은 언어적 관계로 순환하는 삶의 맥락에 관한 주제이다. 같은 단어에 부여하는 의미가 서로 다르듯, 혹은 같은 단어로부터 상기하는 이미지가 서로 다르듯, 각자가 지닌 규칙과 각자가 처한 상황 안에서의 표현이라는 것. 이는 비트겐슈타인의 반본질주의에 관한 다원성의 사례이기도 하고, 타자의 삶이 지닌 다양성으로 이어지는 대목이기도 하다. 소통의 도구조차 미리 지정된 일원화의 체계인 것만도 아니다.

어떤 본질로서 일원화된 규칙이 미리 존재하는 게 아니다. 각각의 타자는 저마다의 규칙으로 해석하는 각자의 세계를 살아갈 뿐이다. 초등학교 동창의 너무도 달랐던 미래, 차이를 인정할 줄 알았던 사유는 철학자 비트겐슈타인이 되었고, 차이를 인정하지 않는 본질로의 집착은 전범 히틀러가 되었다. '차이'와 '관점'에 관한 니체의 철학을 되레 저 자신의 이데올로기로 왜곡하기도 했던, 그 본질이라는 것.

85. 똘기 혹은 망상

모든 새로운 아이디어는 처음 나왔을 때에는 바보 같은 면을 지니고 있었다.

— 화이트헤드

하긴 철학이란 것도 엉뚱한 물음으로부터 치밀하게 파고들어 가는 사유의 서사이다. 그 물음에 대한, 당대 사회가 용인할 수 없는 대답으로, 소크라테스는 독배를 들었고, 스피노자는 파문을 당했고, 쇼펜하우어의 수업은 폐강이 되었고, 니체는 소외와 왜곡을 겪었다.

요즘 말로 하면 조금의 '똘기'도 필요하다. 반듯한 성향이란, 때로 체제 순응적이란 말의 다른 표현일 때가 있다.

문제는 간혹 똘기와 망상을 분간하지 못하는 경우들도 있다는 거. 상식에서 벗어난 모든 걸 기지와 재치로 끌어안는 자기애가, 그에 대한 어떤 반론도 용인하지 않는다.

근본적인 진보는 아주 기본적인 개념들을 재해석하는 것과 관련이 있다.

— 화이트헤드

화이트헤드의 어록 하나 더. 만약 니체를 재해석하고 싶거들랑, 니체의 전제와 근거로부터 뻗어 나와야 그도 재해석이지. 니체에 관한 자기 생각은 이렇다면서 그저 자기 임상에 관한 주장만 늘어놓는다면, 그건 저 자신에 대한 해석이지. 출판사 메일로 이런 성향의 원고가 꽤 들어오는 편이다. 물론 매대가 어디냐에 따라 그 가능성을 열어 둘 수 있는 일이지만, 대개 지식을 대하는 태도는 글에 대한 태도로 이어진다. 출간의 루트가 다양해지고 문턱도 많이 낮아진 시절에, 더군다나 작은 출판사 입장에서는, 기본에 충실한 저자 분들이 귀한 이유이기도 하다.

86. 미래를 예측하는 지식

우리가 살고 있는 '걱정의 시대'는 어제의 도구와
개념을 가지고 오늘의 일을 하려는 데서 나온 결과
이다.

— 맥루언

미래 사회를 미리 내다본 그의 문화인류학은 포스트모
던 철학들의 선구적 입지이며, 한창 그의 이름을 연호하던
시절에는 앤디 워홀과 함께 거론될 정도로 팝 스타의 반열
이었단다. 그런데 아이러니하게도 정작 그 스스로는 자신
이 전망한 진보의 가치들을 꼴사납게 여기는 꼰대 중의 꼰
대였다는 사실. 그 의도가 어떠했던 간에 자신의 키워드가

되어 버린 것들에는 비판도 옹호도 아닌 그저 얼버무리는 태도로 일관했단다. 미래 사회의 모습을 예상한 사이버 펑크들이 대개 묵시록적 성격이듯, 그것들의 기점이라고 할 수 있는 맥루언 그 자신이 종말론자이기도 했다.

그런 성향으로 어쩌다 미디어 이론의 신화가 되었는가 하면, 르네상스 시대의 수사학을 가르치던 그가 문화의 구조와 패턴을 분석하는 일에 익숙했기에, 과거의 데이터들을 미래에 적용한 결과였던 것이다. 물론 이것이 단일한 함수인 것은 아니었지만, 지금도 많이 쓰이는 분석기법이긴 한다. 4차 산업 혁명을 다루는 책들이 과학혁명과 산업혁명, 정보혁명과 같은 패러다임의 전환이 이루어졌던 특이점의 역사를 거론하는 사례가 대표적일 것이다.

캐나다 출신으로 케임브리지에서 공부한 그는, 러셀과 화이트헤드 같은 유럽형 인문의 예찬자이기도 했다. 그 지식으로 미국의 자본주의 문화를 내다본 것이다. 그의 주된 메시지는 매체의 메커니즘이 사고의 구조를 재정립한다는 것이다. 인류는 필요에 의해 미디어를 발전시키지만 나중에는 되레 그 미디어가 인류를 좌지우지한다는 것. 여기서 '미디어'라는 단어를 '자본'으로만 바꾸면 마르크스의 유물론 개념이다. 이미 오늘날의 우리 경제는 매체의 영향력

아래 놓여 있지 않던가. 일상조차도 매체 특성에 최적화된 이상을 디스플레이하는 방식으로 바뀌어 간다.

　미래를 예측하기 위해서라도 꼭 고전을 읽어야 한다는, 단순한 주제로 좁히는 결론도 자기계발서들이 범하는 목적론적 오류일 테고…. 그보단 미래의 대강을 짐작하기 위해서라도 과거를 살펴보는 일도 중요하다는 사실 정도만을…. 미래에 대한 대답은 때로 과거에 놓여 있다.

87. 기능의 불확정성

경험은 우리에게 한 사물의 성질이 어떠하다고 알려
주지만, 그 사물이 다른 성질일 수도 있다는 사실을
알려 주지 않는다.

— 하이젠베르크

불확정성 원리로 유명한 하이젠베르크의 어록. 인문학
사에서는 신학으로부터 철학이 분리되었고, 철학으로부터
과학이 분리되었다는 표현을 자주 쓴다. 그리고 양자역학
은 다시 철학에서 길을 찾은 과학이라고 표현된다. 그래서
일까? 과학자의 워딩이 사뭇 철학적이기도 한….

우리는 스스로 숟가락질을 할 수 있게 되는 그 순간부터,

숟가락에 대한 정의는 음식을 떠먹는 사물이다. 그러나 조금 더 크면 그것으로 병뚜껑을 딸 수 있다는 사실을 깨닫게 된다. 그렇듯 하나의 사물은 그것과 배치되어 있는 상황에 따라 다른 가능성을 창출한다. 하나의 경험이 그 가능성들에 대한 정보를 다 알려 주진 않는다. 이전과 다른 상황적 배치를 겪는 순간순간에 새로운 경험과 발견이 함께 도래하는 것이다.

이것이 들뢰즈의 철학을 단적으로 설명할 수 있는 사례이다. 들뢰즈의 어록을 그대로 인용하자면, '자기가 통과하는 상태들을 소비하면서 동시에 이 상태들로부터 태어나는', 잠재태와 현실태의 관계가 곧 '배움'이라는 것. 따라서 새로워지고자 하는 의지가 있다면, 지금의 나를 규정하고 있는 상황의 바깥을 둘러볼 필요가 있다. 지금 고집하고 있는 삶의 배치를 바꿔 보려는 노력을 하지 않는다면, 내게 잠재되어 있는 내일에 대한 정보가 알려지지 않는 것이다. 그래서 그토록 어제를 반복하는 오늘이기도 한 것이고….

자신의 잠재성에 대해서 함부로 예단하지도 말고, 너무 쉽게 체념하지도 말 것. 지금까지 경험한 것들이, 아직까지 당신이 발견하지 못한 당신의 다른 성질을 알려 주진 않는다. 이미 내게 내재되어 있는 역량도, 외부에서 도래하

는 사건과의 관계 속에서 발견된다. 그러니 지금의 지평을 너무 과신하지도 말 것. 언제고 돌아보면 손발이 오그라들 정도로 쪽팔릴 지금의 지평일 테니…. 자신의 결에 거슬리는 생각들과 사건들도 거부하지 말 것. 그것을 향해 열어두는 지평으로 새로운 경험도 들어찰 수 있고, 그로부터 시작되는 다른 내일이 있을지니…. 그렇듯 불확실성은 모든 가능성이기도 하다.

Ⅲ. 생각에 관한 아주 다른 생각

88. 인식의 불확정성

자연의 어떤 측면들이 규정되고, 우리가 관찰을 통해 어떤 것을 지워 버리는지는 관찰의 방식에 의해 결정된다.

— 하이젠베르크

양자역학 지식에 기반한 영화 이야기가 나오기만 하면 나름의 썰을 풀어놓는 이들(대개 남자들)이 있지만, 실상 물리학 전공자 중에서도 극소수만 이해하는 이론이란다. 그 자체로 삶의 불확정성을 증명하는 장면이라고나 할까? 수많은 물리학과 신입생 중에 누가 그것을 이해할 수 있을지는 알 수 없는 노릇이다. 우리는 빛보다 느린 세계를 3차

원의 감각으로 인식한다. 그런데 소립자의 세계는 빛보다 빠른 3차원 이상의 시공간이다보니, 우선 그 감각이 선행되어야 이해도 가능한 문제이다. 자신은 이해한다고 한들, 다른 이를 이해시키는 건 또 다른 문제이고….

양자역학은 다시 철학에서 길을 찾은 과학이라고도 설명되어지는 바, 양자역학을 설명할 적에 따라 붙는 철학의 키워드가 라이프니츠와 《주역》이다. 입문서 수준의 양자역학 관련 저서를 몇 권 읽어는 봤는데, 내가 이해한 게 맞는 건가를 다시 물어야 할 정도로, 내겐 어려운 영역이다. 피치 못하게 원고에 양자역학 관련 이야기를 적어 넣을 일이 있어도, 결국 라이프니츠와 《주역》 이야기로 빠져 원고의 분량을 늘리는 것이 내 자구책이다. 양자역학에 관한 책을 읽게 된 이유는, 라이프니츠주의자이기도 한 들뢰즈의 저서들을 읽으려면 과학의 영역 전반을 조금씩은 알아야 하기 때문이다. 이 양반은 도대체가 안 건드린 영역이 없다.

불확정성 원리를 설명하는 입문서의 앞부분에는 빛의 성질에 관한 이야기가 나온다. 빛이 파장이냐 입자이냐에 대한 역사적 논의, 실험 결과는 때에 따라 파장이기도 했고 입자이기도 했다. 빛이 관찰자의 눈치를 보면서 파장이었다가 입자이었다가 할 리는 없을 터, 앞서 언급한 하이젠베르크의 어록처럼 관찰의 방식이 관찰의 대상에 영향을 미친다. 그가 말하고자 하는 요지는, 관찰된 객체가 관찰하는 주체로부터 독립하여 존재하지 않는다는 사실이다. 보다 심도 있는 양자역학으로의 설명은 내심 자신은 없고 해서, 특유의 버릇대로 철학의 샛길로 빠지자면….

　스피노자의 〈에티카〉 1부 공리 4,
　"결과에 대한 인식은 원인에 대한 인식에 의존하고 원인에 대한 인식을 함축한다."

　전제의 패러다임이 이미 결론의 패러다임까지 미리 지정하고 있다는 이야기. 어떤 경우든 내 생각이 맞아 보이는 이유는, 그 전제가 '나'이기 때문이다. 스스로에게 익숙한 패러다임 내에서 저 자신을 설득하는 것이니, 그 얼마나 합리적으로 느껴지겠는가. 그렇듯 우리는 각자의 인과와 상관 안에서 합리를 추구할 뿐이다. 하여 니체 이후의 철학이란 사실로서의 진리를 말하는 학문이 아니다. 현상을 대하는 각자의 관점으로 해석해 내는 저마다의 세계가 있을 뿐이다. 그 각자의 해석들이 맞물려 돌아가는 세상이기에 그토록 불확정성의 성격인 것이기도 하고….

89. 밖으로부터의 가르침

가르침은 외적인 것으로부터 오며, 내가 포함하는 것보다 더 많은 것을 내게 가르쳐 준다.

— 레비나스

'타자'를 저 자신의 키워드로 지닌 레비나스는 소크라테스의 산파법도 탐탁지 않아 한다. 결국에는 자기 전제의 이데아일 뿐, 세계를 바라보는 입체적인 시각은 아니라는 것. 내 등 뒤에서 무엇이 다가오고 있는지는, 나와 마주한 타인의 시선을 빌렸을 때야 비로소 뒤돌아 확인하는 미지의 순간이다. 그렇듯 내 바깥의 관점을 빌렸을 때, 이전에는 미처 보지 못했던 것들에게로까지 넓혀지는 지평도 가

능한 것이다.

레비나스는 응답이 부름에 앞선다고 말한다. 이는 타인을 향한 열린 태도가 전제되어 있어야 한다는 의미이다. 맞아들이고 받아들일 준비가 되어 있어야, 비로소 배움도 가능하다는 것. 물론 저 어록이 줏대 없이 타인의 말을 따라야 한다는 의미이겠냐만, 또한 남을 가르치기 좋아하는 성향들에게는 좋은 빌미이기도 하다. 저 자신은 남의 이야기를 귀담아 듣는지 어떤지에 대한 반성은 없으면서, 남의 이야기에도 귀를 기울여야 한다며 몽니를 부리며 건넬 수 있는…. 하여 저 어록은 무언가 배울 의지가 있는 이들에게나 유효한 것이다. 가르치려 들고자 하는 욕망이 앞서는 이들에겐 어떤 철학의 어록도 그저 자기 신념을 확고히 하는 명분일 따름이다.

90. 기억의 특권

실재에 도달하려면 먼저 경험을 거부해야 한다. 존재를 우리 자신이 아닌 존재 자체와의 관계 속에서 이해하는 것이다.

— 레비스트로스

소위 니체주의라 부르는 철학사의 한 줄기는 기억의 특권을 배제한다. 지금의 지평을 고양하는 방법으로 경험만 한 것이 없으나, 또 지금의 지평을 고집하는 명분으로 경험만 한 게 없기도 하지 않던가. 삶의 어느 순간부터 우리는 다가온 사건 자체를 겪는 것이 아니라, 이전에 이미 겪은 기억을 다시 겪는다. 다가온 사건이 어떤 의외성과 가능성

을 지니고 있는가에 대해 질문을 던지지 않는다. 그저 경험의 관성대로 대답을 내놓을 뿐이다.

경험에 대한 신뢰는 자기가 겪은 만큼으로 좁아지는 스펙트럼이기도 하다. 그리고 종종 겪은 것으로 겪지 못한 것까지 해석하려 들곤 한다. 지금 사랑하는 그 사람은 이전의 그 사람과는 다른 규칙의 타자임에도, 곧잘 과거에 빗대어 지금을 해석하는 우리들이 아니던가. 그것은 현재가 지닌 실재적 성격에 관한 것이 아닌, 그저 지나간 날들의 기억에 대한 믿음일 뿐이다. 그조차도 '왕년'으로 왜곡된, 실상 과거의 실재도 아니다. 레비스트로스의 표현을 빌리자면, 경험과 실재 사이에 연속성은 없다. 중요한 것은 당신이 무엇을 하고 있느냐이지 무엇을 믿고 있느냐가 아니다. 그러나 우리는 현재 그 자체에 충실하지 못하며, 부단히도 기억과 기대를 살아간다.

철학사 관련 서적을 읽다 보면, 마르크스와 프로이트 페이지 즈음부터 '구조주의'란 말이 등장한다. 이는 제도화된 혹은 습관화된 체계가 주체를 지배한다는 주제이다. 그러나 레비스트로스에 따르면, 구조 자체는 목적론적이거나 인과의 성격이 아닌 우연적으로 성립되는 것이다. 살다 보니 그렇게 된 것, 다시 말해 다른 가능성이었을 수도 있었던 것. 그러나 이것을 거꾸로 소급해서, 이렇게 될 수밖에 없었고 여기로 흘러올 수밖에 없었던 필연적 요소만을 찾아내다 보니 뒤돌아선 예언이 되는 것이다. 그 바깥을 둘러싼 수많은 우연적 요소가 있었음에도….

개인의 역사로 축적된 경험의 구조 역시 마찬가지이다. 경험이란 것도 자기가 걸어온 길에 한정된 데이터일 뿐이다. 숱한 가능성 중에 하나였을 뿐이지, 그것이 단 하나의 길이었던 건 아니다. 당신이 지나와 본 길만이 길인 것은 아니다. 길 밖의 모든 것을 이 길로 끌어와 해석하기에, 실상 저 너머에 어떤 풍광이 펼쳐져 있는지를 한 번도 겪어보지 못한다. 경험이 지닌 역설은 더 이상의 경험을 가능케 하지 않는다는 사실이다. 그러나 또 그런 경험조차 없는 이들은 자신의 감을 직관이라고 믿는다…. 경험이 있는 사람들은 때로 자신의 기억에만 몰입하고, 경험이 부족한 사람들은 때로 자신의 열정에만 몰입한다.

91. 언어의 정원

모든 사물들은 이름이 붙여지자마자 이미 그 이전의
것과는 완전히 똑같은 것이 아니며, 그 순결성을 상
실한다.

— 사르트르

현대철학의 한 줄기는 언어에 관한 것이다. 언어학개론
의 성격이라기보단, 언어의 구조가 우리의 의식과 무의식
에 행사하는 영향력에 대한 고찰이다. 그래서 여간한 철학
자들은 언어에 관한 어록들을 몇 마디씩은 남긴 편이며, 이
는 동양철학의 빅4들(공맹노장)에게서도 마찬가지였다. 저
사르트르의 어록은, 그의 철학에서 '즉자 존재'에 해당하는

설명으로 《도덕경》의 첫 챕터에 등장하는 '名可名非常名(명가명비상명)'에 다름 아니다.

우리는 사물 그 자체를 인식할 수 없다. 어떤 식으로는 언어화된 개념으로 인식하기 마련이다. 때문에 니체는 세계를 '은유'의 대상으로 설명하곤 했던 것이다. 이를테면 쪼개진 박을 우리의 목적성을 투영해 '바가지'로 인식하지만, 그 실재는 우리의 인식과 상관없이 그렇게 쪼개져 있는 '무엇'일 뿐이다. 심지어 '박'이라는 이름조차도 인간의 입장에서 붙여진 것이지, 그 이름을 지우고 나면 그냥 거기에 그렇게 있는 '무엇'일 뿐이다. 그러나 이런 경우에는 인식이 가능하지 않기에, 그 인식의 결핍을 대신 메워 줄 수 있는 언어화된 개념을 매개하는 것이다.

언어는 소통의 도구이지만, 그것으로 소통이 이루어지고 있는 그 사회의 가치와 더불어 개인의 무의식에 주입되는 상징적 구조이기도 하다. 우리는 부모와의 언어적 교류를 통해, 부모가 점하고 있는 사회적 지위가 투영된 언어체계를 통해 첫 사회화가 이루어진다. 다시 말해 부모는 이미 사회의 한 표집이며, 그들이 속해 있는 집단의 가치를 자녀에게 주입한다. 라캉의 정신분석이 언어의 구조에 주목한 이유이기도 하다. 우리는 세계의 실재를 인식하는 것

이 아니라 언어로 치환된 상징에 휘둘린다.

언어의 체계는 때론 특정 계층의 담론을 매개하는 기호가치(記號價値)일 때도 있다. 그리고 그 담론이 자신들의 기반을 공고히 하는 권력으로 순환하며, 세련의 위계를 자의적으로 지정하기도 한다. 이를테면 지식인들의 언어습관이, 같은 말을 왜 저토록 어렵게 해대는 것인지를 이해할 수 없는 경우. 그 난해함에도 불구하고, 어떤 대중들에게는 이해의 여부와 상관없이 그것이 우아해 보이고 자신도 욕망하고 싶은 고급의 문화이다. 반면 그런 지식들에 관심 자체가 없거나, 지식인들의 허식에 지극히 염증을 느끼며 그 담론으로부터 자유로워진 이들에게는 하등 세련되어 보일 게 없는, 그야말로 지들끼리 놀고 있는 언어의 정원이다.

92. 확신과 확실 사이

속지 않는 자들이 헤맨다.

― 라캉

퀴즈 하나. 라캉의 이 어록은 도대체 무슨 뜻일까? 라캉은 말을 모호하게 하기로 유명하다. 그런데 이는 라캉의 특수성이기라기보단 프랑스 철학의 성향이다. 프로이트와 라캉의 차이점 중에 하나는, 라캉이 철학사를 관통하는 정신의학자였다는 사실이다.

독일의 철학들이 말을 어렵게 한다면, 프랑스 철학들은 모호하게 말을 하는 편이다. 그런데 일단 문체에 적응이 되면 이 모호함이 상당히 매력적인 글쓰기로 느껴진다. 철

학에 관심이 없는 이들에게야 어떤 경우도 변별이 무의미한 난해함이겠지만, 익숙한 이들에게는 또 이런 화법이 '유려함'이기도 하다. 그렇듯 유려함이라는 것도 각자의 미학에 따라 판단이 다를 정도로, 실상 모호한 양상이다.

바디우의 설명에 따르면 라캉의 문체는 '마치 각각의 문장이 일의적 이해를 벗어나는 잔여를 갖고 있는 것처럼, 사람들이 이해했다고 믿는 것보다 항상 더 생각하게 하는 글쓰기'이다. 이 설명에서 알 수 있는 사실은, 익숙하지 않은 이들에게는 바디우의 문체도 만만치 않은 프랑스 철학일 거라는….

라캉의 저 어록은, 확신에 찬 이들이 되레 오류에 빠진 상황이라는 의미이다. 그 너머의 실재에 닿고자 하는 이들은 항상, 괴테의 문장을 빌리자면, '노력하는 한 방황하는' 중이다. 쉽게 말해 자신이 틀릴 수도 있다는 전제의 열린 지평으로 항상 고민하라는 이야기. 라캉의 다른 어록으로 마무리하자면, 당신이 안다고 생각하는 순간, 당신은 확실히 모르는 것이다.

93. 지진의 사상가

위대한 사상가들은 어느 정도 지진과 비슷한 면이
있다. 그들은 진화하는 것이 아니라, 위기를 통해
서, 흔들림을 통해서 나아간다.

— 들뢰즈

들뢰즈 철학에서 '지층'이란 개념은, 시간의 누적으로 공
고해진 관습의 범주이다. 그 범주의 울타리 안을 안정성으
로 여기기 때문에 변화가 일어나지도 않을뿐더러, 변화에
대한 의지조차 그 지층 안에서의 노력일 때가 있다. 때문
에 개혁이라 말하면서도, 정작 갈아 치워야 할 중심부는 그
대로 있고, 힘없는 주변부만이 도려내지는 경우가 비일비

재하지 않던가. 사유도 그렇다는 이야기. 기존의 것을 개선하겠다는 의지만으로는 개선이 되지 않는다. 내가 지키고자 하는 신념의 근간부터 흔들어 뒤엎어야 한다는 것. 니체의 어록으로 갈음하자면, 자신의 어제를 과감히 폐기할 수 있는 이들에게만 내일이 도래한다.

94. 당연하지 않은 휴머니즘

한 가지는 확실하다. 인간이 인간의 지식에 제기된 가장 오래된 문제도 가장 항상적인 문제도 아니라는 것이다. ... 인간은 사고의 고고학에 의해 최근의 산물임이 드러난 하나의 발명품에 불과하다. 필경 인간의 종언은 가까이 다가왔다. ... 인간은 파도에 씻겨 지워지는 바닷가 모래 위의 얼굴처럼 소멸할 것이다.

— 푸코

푸코의 대표 저서인《말과 사물》에 적혀 있는 꽤나 유명한 구절. 이 책의 요지는 말과 사물이 일치된 적이 없었던

역사라는 것이다. 푸코가 아예 단행본으로 엮은 '광기'라는 단어로 설명을 하자면, 르네상스 시대에는 이를 이성의 범주를 넘어 신성의 범주를 내다보는 육감으로 간주하는 시선도 있었다. 그러나 정신의학이 발달하면서 광기는 정상의 범주에서 배제되어 교정의 대상으로 옮아간다. 그리고 시민을 위한 치안의 인프라가 발달하는 시기에 와서는 감금의 대상이 된다. 그렇듯 그것에 대한 규정은, 저 스스로가 아닌 그것을 둘러싼 담론에 의해서라는 것.

어떤 면에서 푸코의 주제는 한결같다. 질서의 명분으로 강요되는 담론에 관한 고찰이다. 그는 르네상스 시대에 발생한 '휴머니즘'도 그런 담론의 결과로 간주하며, '인간'이란 개념도 인간중심적 사고의 원인이면서도 '인간적인 것' 전반을 다루지 않는다고 말한다. 이를테면 우주가 반드시 지구를 중심으로 돌아야 했던 이유는, 신학의 입장에선 신에게서 이성의 특권을 부여받았다는 인간을 중심으로 삼라만상이 조직되어 있을 필요가 있었다. 그러나 신항로를 개척하던 시기에는 유럽에게 비유럽은 아직 인류의 범주도 휴머니즘의 대상도 아닌, 그 바깥에 놓인 자연이었다.

푸코의 표현을 빌리자면, 이미 존재하는 것으로서의 인간의 근원적 본질이란 존재하지 않는다. 레비스트로스를 빌리자면, 문화란 주어지는 것이 아니라 획득하는 성격이다. 취향에 따라 선택을 하는 것이지, 거기에 본질적인 위계가 있는 게 아니다. 그러나 담론은 개인을 지배하고, 필히 배제를 낳는다. 너무도 유명한 '지식은 권력'이라는 명제도 이 연장의 맥락이다. 지식은 때로 그 지식을 통해 저자신들의 안정을 도모할 수 있는 계층의 특권화된 수단이기도 하다. 조선의 양반네들에게 '문자'가 그러했듯, 어떤지식은 '정치'로서의 담론이다.

오늘날의 대중은 소외를 겪지 않으려 담론 안에 머물길 원한다. 담론은 표준으로서의 인간학을 권고한다. 그런데 그 표준이란 게 누구의 입장에 표준이란 말인가? 요즘 같은 시대에는 로컬의 '차이'를 지우는 글로벌적 표준이 있을 뿐이다. 그 결과로 어딜 가나 스타벅스 옆 던킨도너츠의 풍경. 니체는 무의식을 사회적 효과로 생각했었다. 니체의 계보들이 관통하는 하나의 주제는 그 담론으로부터 자유로워지라는 것이다. 푸코가 말하는 '에피스테메(episteme)'란 시대마다 어떤 사조와 경향을 형성하는 사회적 무의식, 곧 인식의 조건이다. 푸코는 그 한 사례로서 '광기의 역사'를 고증하며 정신의학을 비판했던 것이다. 같은 맥락에서 들뢰즈는, 신체마저 정신의학이라는 권력적 지식에 종속시킨다는 이유로, 정신분석에 대해 회의적이었던 것이다.

우리가 당연하게 받아들이는 인간에 관한 지식들 중 적지 않은 사례가, 알게 모르게 그 시대의 구조적 욕망들이 투영된 것들이다. 당신을 위해 쓰여졌다는 많은 지식들이 실상 당신을 위해 존재하는 것이 아니다. 그 지식의 구조 안에서 안정성을 유지할 수 있는 학자들과 저자들을 위한 것이다. 들뢰즈의 표현을 빌리자면, 그것들은 대중들을 위해 존재한다기보단 대중들에 '의해' 존재하는 것이다.

95. 미끄러짐으로의 해체

사람들 사이로 미끄러져라! 고집 피우지 말고....

– 데리다

데리다의 철학에서 '미끄러지다'의 의미를 설명하려면, 소쉬르의 시니피앙(기표, 記標)와 시니피에(기의, 記意) 개념까지 거슬러 올라가야 한다. 이를테면 밤하늘의 별을 왜 '별'이란 발음으로 부르게 되었는지는, 그 기원을 소급해 올라가 보아도 명확한 인과가 규명되지 않는다. 그냥 해와 달과 구분되는 발음으로 지칭한 기호에 불과하다. 별에 대한 해와 달이 그러하듯….

다시 말해 기표는 기의를 대리하는 것일 뿐이지, 기표

가 기의와 동격인 것은 아니다. 기표와 기의가 일치한다면 그 발음이 '핑구어(중국)'이건 '아펠(독일)'이건, 그것이 사과를 지칭하는 경우임을 알 수 있어야 한다. 그러나 그런 '바벨의 언어'는 존재하지 않는 바, 따라서 태곳적으로 돌아가 별을 그냥 달로 부르고 달을 별로 불러도 상관없다는 이야기이다. 그 시니피앙이 어떠하든 간에, 그 시니피에는 밤하늘에 반짝이는 그것을 의미하는 것이기 때문에….

라캉은 이 언어의 구조를 욕망에 적용한다. 여기서 기표는 근원적 욕망을 대리하는 사회적 언어, 오늘날과 같은 자본사회에서는 보다 구체적으로 자본의 언어를 상징한다. 우리 안에서 들끓고 있는 근원적 욕망은 실상 상품들이 지닌 상징적 가치를 원하는 게 아니다. 그것은 무의식의 영역이기 때문에 의식 차원의 언어 체계로는 그것이 해명될 수가 없다. 그래서 사회적으로 공증받은 자본적 방법론들로 대신 해소를 하는 것이다. 정리하자면 실질적인 욕망과 욕망의 기호가 일치하지 않는 것, 라캉은 이 정황을 '미끄러진다'고 표현한다. 기의가 기표에 고착되지 않는다는 의미이다.

기표가 곧 기의를 대변하는 것이 아니다. 목사라는 직분이 그의 신앙심을 증명하는 것이 아니요, 선생이란 직분이

학생들에 대한 사랑을 증명하지는 않는다. 어떤 코치와 감독의 지위가 어떤 선수에겐 가르침 밖의 부조리한 권력이듯 말이다. 마찬가지로 셀럽의 지위가 그의 예술성을 증명할 수는 없다. 그러나 셀럽이 그린 그림들은 대개 실질적인 작품성과는 별개로 높은 가격에 팔려 나간다. 그의 브랜드가 미술 시장에 활력을 불어넣는다는 이유에서이다. 다시 말해 그림 밖의 담론이 그림의 가치를 규정하는 것. 역설적으로 그림은 본질이 아니며, 저 스스로를 증명하지 못한다. 데리다는 이렇듯 기표와 맺고 있는 담론을 해체하고자 했던 것이다. 그의 말을 빌리자면, 모든 것이 시니피앙에 오염되어 있다. 따라서 그 기표의 상징성에 고착될 것이 아니라, 차라리 미끄러지는 유연함이 필요하다는 것.

같은 맥락에서 데리다는 자신이 지닌 고정 관념과 아집의 신념도 해체하라는 조언을 건네고 있는 것이다. '견해만큼의 진리가 있다'던 후설의 어록을 데리다 식으로 뒤집으면, '그들 각자'의 견해가 모두 진리인 상황은 역설적으로 어떤 견해도 '우리 모두'에게는 진리로서의 명분일 수 없는 상황이다. 데리다의 해체는 개별성을 존중하는 가치이지만 그 기저에는 보편의 가치가 깔려 있다. 자신의 신념만을 고집하지 않는 열린 체계, 권력적 지식을 강권하려 들지 않는 건강한 체계, 그 보편적 전제 안에서만이 개인과 사회의 진보가 가능하다는 것. 차라리 미끄러져라!

96. 자기확장적 진리

모든 진리는 자기 확장적이다. 어떤 관념이 자기를 진리라고 믿을 때, 그것은 맹렬하게 팽창한다. 주먹만 하게 줄어들었다가 크게 폭발한 우주처럼, 그러나 그 우주에도 끝은 있다.

― 김현

녹음된 내 목소리를 처음 들었을 때의 충격이란, 세트장 밖의 존재를 알아 버린 트루먼의 심정과 비슷했다. 세상 사람들은 다 듣고 있었던 내 실제 목소리를 나만 모르고 있었다. 타인의 목소리는 공기로 전달되지만, 자신의 목소리는 몸을 울리며 들려오기 때문이란다. 진실을 알아 버린 이후에도 남들이 듣고 있는 나의 목소리는 나에겐 들려오지 않는다. 여전히 자신의 몸을 거쳐 굴절된 소리만 들려올 뿐이다.

　지나간 날들에 저질렀던 내 오류들을 돌아볼 때면 그 비슷한 느낌이다. 호환성이 없는 소프트웨어에 비유할 수 있을까? 내 지평과 직관에서만 열리는 것들. 타인이 지닌 버전에서는 깨지는 파일들. 내 자신만을 설득할 수 있었던 확신과 고집이란 사실을 나만 모르고 있었다는 사실. 우리는 아주 사소한 문제에서조차 스스로 그어 놓은 경계 밖으로 벗어나려고 하지 않는다. 그 경계 밖에서 무엇이 기다리고 있는지도 알지 못한 채⋯. 어쩌면 그곳에서 그토록 고대했던 사랑과, 그토록 떠오르지 않았던 영감과, 그토록 다가오지 않았던 기회와 마주칠 수 있는지도 모를 일인데⋯.

　당장의 지평으로 볼 수 없는 것들이야 또 뭐 어쩌겠냐? 그것은 미래에서 돌아볼 후회로 남겨 두더라도, 이미 충분히 보이고 있는 나와 다른 결의 생각들에 관심조차 두지 않는 이들에게는 새로운 내일도 열리지 않는다. 맹렬히 팽창하는 어제만을 반복할 뿐이다.

97. 철학의 신뢰도와 타탕도

  사르트르는 우리 인식의 토대로서의 '결여'를 말한다. 그런데 이것이 꼭 '마이너스'의 성격이라기보단, 불교에서 말하는 '공(空)'과 노자가 말하는 '무(無)'의 성격을 포괄하는 설명이다. 즉 우리는 각자가 느끼는 결여대로 세상을 바라보며 그것이 곧 각자가 지닌 실존적 가능성이기도 하다. 이는 각자가 영유하는 시간과 직결되는 존재의 문제이기도 하다. 라캉은 사르트르의 철학을 좋아했던 정신의학자였다. 그 역시 '결여' 개념으로 인간의 욕망을 설명한다. 인식과 존재의 근거라면, 당연히 욕망 또한 그 무(無)에 준하지 않겠나? 하여 우리는 자신의 결여대로 욕망한다.

  그러나 들뢰즈 같은 철학자는 되레 '충만'의 성격으로 설

명한다. 결핍에 준한다는 건, 딱 그 범주 안으로 들어온 것만을 욕망하는 일종의 결정론이다. 그에 비해 충만은 확장적 잠재성이다. 무엇이든 욕망할 수 있고, 무엇이 될 수 있을지는 아직 저 자신도 모르는 것이다. 때문에 개인의 순간순간에 영향을 미치며, 경험의 범주를 넓히는 불확정적 우연의 함수에 대해 강변하는 것이기도….

　과연 어떤 해석을 선택할 것인가? 라캉의 대답을 선택하는 경우엔 '결여'로 다가서는 것이고, 들뢰즈의 대답을 선택하는 경우엔 '충만'으로 다가서는 것일까? 철학의 해석이 어떠하든 간에 욕망할 걸 욕망하지 않겠나? 라캉이 이렇게 말했고, 들뢰즈가 저렇게 말했다고 해서, 우리의 삶이 이렇고 저렇고인 것도 아니며, 우리가 궁극적으로 욕망하는 대상이 라캉과 들뢰즈인 것도 아니거늘…. 어차피 지 인생 지가 알아서 살아 내야 하는 거, 종국엔 어떤 철학도 너의 슬픔을 대신할 수 없고, 어떤 철학도 너의 존재를 대신 해명해 줄 수 없다.

먼저 버려야 할 잘못된 생각이 있는데, 철학자는 모든 것에 대해 말할 수 있을 것이라는 생각이 바로 그것이다.

- 바디우

98. 철학의 외적 도덕화

우리 철학자들이 우리의 의견이 어떤 것인지 질문을 받을 경우, 종종 질문자가 진실로 원하는 것은 우리 자신에 대한 소개뿐이라는 말을 하고 싶다. 이런 경우 우리가 가진 지식은 우리가 제공하는 의견들에 권위를 부여해 주는 모호한 참고사항의 한 형태에 불과한 것이 된다. 이는 마치 한 위대한 작가에게 어떤 음식을 좋아하는지 묻고, 그가 중국요리보다 이탈리아 음식을 더 좋아한다고 대답하는 상황과 같은 것이다. 우리가 철학의 본래적인 것에만 관심을 가져야 하는 이유가 바로 여기에 있다.

― 지젝

지젝은 잘못된 철학의 입장 중 가장 나쁜 경우를 철학의 외적 도덕화로 지적한다. 조금 더 쉽게 풀어 설명하자면, 어떤 철학자가 그렇게 말했다고 해서, 그렇게 살았다고 해서, 그 말을 맹신하고 그 삶을 따를 필요도 없다는 이야기. 그 철학자와 자신이 같은 가치체계와 생활체계를 믿고 있는 것도 아니니 말이다. 니체가 그토록 스승과 멘토의 지위를 거부한 이유이기도 하다. 무턱대고 그 철학자를 따르는 무비판적 태도가 과연 철학이기나 할까? 그에 대한 믿음으로 그를 증명할 게 아니라, 각자의 취사선택으로 스스로를 증명하는 것이 차라리 철학의 존재가치가 아닐까?

더군다나 지식과 삶이 철저히 분리된 요즘 같은 시절엔, 정작 삶에 서툰 철학자와 철학도들도 부지기수이다. 관계에는 서툴면서 부단히 '타자'에 대해 논하고, 가족에 대한 책임은 소홀하면서 인류애를 떠들어 대는 얼치기들이 또 누군가를 가르치고 싶어 하는 욕망은 그득하니 지니고 있는….

99. 잃어버린 시간을 찾아서

헛되이 보내 버린 이 시간 안에 진실이 있다는 것을 마지막에 가서 우리가 깨닫는 것. 그것이 바로 배움의 본질적인 성과이다. ... 우리의 게으른 삶이 바로 우리의 작품을 만들고 있었다는 것을 깨닫는다. 내 전 생애가 하나의 천칙이다.

— 들뢰즈

개인적으로 자주 패러디를 하는 문장이기도 한데, 누구보다 프루스트를 사랑했던 들뢰즈가 《잃어버린 시간을 찾아서》의 '되찾은 시간'에 대한 소회를 적은 것이다. 쉽게 말해, 어떤 과거도 지금에 미치고 있는 모든 함수이며, 버려

지는 시간은 없다는 이야기. 무의미하게 소모되고 있는 듯했던 권태의 날들조차도, 결국엔 내 삶 안에서 어떤 의미를 잉태하고 있었던 시간이다.

들뢰즈를 좋아하는 성향이기도 하지만, 내겐 들뢰즈의 철학 자체가 그런 천칙이기도 하다. 이를테면 내가 다반출판사를 통해 써내리고 있는 모든 삶의 이야기들이 그런 경우이다. 내가 유영석의 음악과 관련한 샘플 원고를 보내지 않았던들, 미야자키 하야오와 이노우에 다케히코의 그림을 좋아하지 않았던들, 한문 전공자가 아니었던들, 철학으로 글을 쓰는 입장이 않았던들, '민'씨가 아니었던들,《잃어버린 시간을 찾아서》를 좋아하지 않았던들, 가능하지 않았을 인연들. 나의 어떤 과거도 그 나름의 미래로 이어지는 유의미다.

글쓰기 관련 어록들을 모은《문장의 조건》은 다반 대표님의 제안으로 진행하게 된 기획이었다. 바로 잇대어 출간하는 철학자들의 어록에 관한 기획 역시 대표님의 제안이었다. 언젠가는 써먹을 일이 있지 않을까 싶어서 예전에 서머리 노트에 적어 놓았던 것들을 다시 뒤적거리다 보면, 도대체 이런 책은 언제 읽고 정리해 둔 것일까가 기억나지 않는 경우들도 꽤 많이 있었다. 그 잊혀진 기억들을 다시 꺼내어

'되찾은 시간'으로 각색을 하다 보니 이미 300페이지가 넘어가는 상황, 서상익 작가님의 그림이 실릴 페이지들을 감안해야 했기에, 적지 않은 분량을 다시 쳐내야 했다.

머지않은 미래에 이런 기획을 맡을 줄 알고 정리를 했던 것이겠는가. 대표님도 내 서머리 노트를 보고서 제안을 한 건 아니고, 마침 내게 몇 권으로 정리된 과거가 있었던 것. 실상 《문장의 조건》 기획도 이 노트에서 글쓰기와 관련한 문인들과 철학자들의 어록을 분리한 작업이었다.

때론 저걸 어디다 쓸 때가 있을까 싶어도 그냥 혹시나 해서 적어 놓았던 것들이, 나중에 문득 적소의 사용처가 떠오르는 경우들이 있다. 들뢰즈는 '발생'이란 말을 자주 사용한다. 들뢰즈의 철학 서사는 대개 이 전제로부터 뻗어 나가거나, 이 결론으로 수렴하거나이다. 우리의 인생은 모든 시간에 걸쳐 그런 발생의 잠재력을 지니고 있다. 당장에 '아직' 모를 뿐이다.

100. 포스트 모던과 다양성

　홍상수 감독의 영화에 대한 인문적 평가는 차치하더라도, 어떤 의미에서든 독특한 세계인 것만은 분명해 보인다. 그의 영화에 특별한 의미를 부여하는 골수팬들에게선, 그의 영화를 좋아하는 이들과 그렇지 않은 이들로 나뉠 것이다. 나는 그렇지 않은 이들에 속한다. 그런데 그의 영화를 좋아하지 않는다는 사실이 그들의 성향을 대변하는 건 아니다. 그들은 홍상수 영화를 좋아하지 않는 이들이라기보단, 박찬욱을 좋아하고, 봉준호를 좋아하고, 이준익을 좋아하는 이들이다.

　비판을 넘어서 일탈해야 한다. 게다가 일탈은 그 자

체로 비판의 종말이다.

– 리오타르

구분 짓는 기준을 내 안에 두느냐, 밖에 두느냐의 차이. 그에 따라 이것에 반하는 저것으로 묶이거나, 그것 하나하나로 차별화가 되거나이다. '포스트 모던'이라는 시대사조를 저 자신의 키워드로 소유한 리오타르의 저 어록은 그런 의미이다. 내가 점하고 있는 가치 안에서의 비판은 나에 반하는 것들을 향한다. 그러나 그 준거점을 나의 밖에 둘 경우엔, 홍상수를 좋아하고, 박찬욱을 좋아하고, 봉준호를 좋아하고, 이준익을 좋아하는 그들 각자의 가치가 있을 뿐이다.

미리 지정된 가치들의 파괴, 그로써 확보되는 열린 체계와 다양성. '포스트 모던'이란 말도 오래전에 옛것이 되었지만, 우리 사회는 여전히 이것 아니면 저것이다. 팔릴 만한 것, 먹힐 만한 것, 될 만한 것과 그렇지 않은 것들.

101. 철학자와 철학책

철학책을 자신의 고생에 대한 보상심리로 쓴 게 아니라면 책은 재미있어야 한다.

— 고병권

글쟁이 노릇을 하다 보면, 괜한 경쟁심으로 좀처럼 인정하지 않게 되는 작가들이 있다. 반면에 그런 수준을 벗어나 있는, 내가 그보다 못해도 하등 상관없는, 그냥 좋아하는 작가들이 있다. 그중 하나인, 철학자 고병권.

에필로그를 쓰려고, 고병권의 어록 하나를 중심에 두고 1시간째 썼다 지우길 반복. 결과적으로 1시간 동안 한 짓이라고는 저 고병권의 어록을 곱씹은 것밖에…. 글을 쓰다 보면, 이렇게 소모되는 시간들도 꽤 많이 있다. 더 이상은 생각이 나지 않아서 쓰다 만 글을 나중에 다시 완성하는 경우도 있고⋯. 개중에서도 은근히 잘 안 써지는 글이 프롤로그와 에필로그이다. 다른 페이지들을 파편적으로라도 써내릴 수가 있는데, 프롤로그와 에필로그는 총체성을 구비해야 하는 부분이기에⋯. 철학책도 재미있어야 한다는 고병권의 총체성과 대치 중에, 이 원고가 과연 재미있는 건가 하는 걱정을 이제사⋯.

사유와 회화

　서상익 작가님의 후배가 예전에 운영했던 홈페이지가 있는데, 거기에 게재된 포트폴리오를 뒤적거리다가 발견한 초창기 작품. 얼핏 사진인 줄 알았다. 들뢰즈가 《차이와 반복》에 적어 놓길, 사유이론은 회화와 같다. 내 사유가 저 정도의 퀄리티는 될까 싶은 자책감만이 나뒹구는 자판 앞에서, 어떤 의무감으로 꾸역꾸역 써내리는 몇 꼭지의 글과, 결국엔 쓰다 지운 몇 꼭지의 기억. 사유도 부단한 '반복' 속에서 '차이'를 발생시키는 작업이다. 영감만으로 뭐가 되는 게 아니라…. 그래서 철학을 읽는 것이기도 하다. 그 베이스로부터 지어 올리는, 내게서 가능한 모든 문체가, 되도록 유치하지 않고 재미없지 않길 바라며….

순간을 바라보는 방법

철학의 말들, 회화적 사유

글 민이언
그림 서상익
발행일 2020년 5월 30일 초판 1쇄

발행처 다반
발행인 노승현
출판등록 제2011-08호(2011년 1월 20일)
주소 서울특별시 금천구 가산디지털1로 24 503호
    (가산동, 대륭테크노타운13차)
전화 02) 868-4979　　**팩스** 02) 868-4978

이메일 davanbook@naver.com
홈페이지 davanbook.modoo.at
블로그 blog.naver.com/davanbook
포스트 post.naver.com/davanbook
페이스북 www.facebook.com/davanbook
인스타그램 www.imstagram.com/davanbook

ISBN 979-11-85264-42-4 03100

다반―일상의 책